Mission:
Weisse Weihnachten

Andreas Benz

Mission: Weisse Weihnachten

Ein Rentner-Roadtrip in die Berge

WÖRTERSEH

© 2020 Wörterseh, Lachen

Lektorat und Korrektorat: Andrea Leuthold
Umschlaggestaltung: © Thomas Jarzina, unter Verwendung zweier Motive von www.shutterstock.com (Auto: »jakkapan«, Figuren: »ProStockStudio«)
Layout, Satz und herstellerische Betreuung: Beate Simson
Druck und Bindung: CPI – Ebner & Spiegel, Ulm

Print ISBN 978-3-03763-122-5
E-Book ISBN 978-3-03763-805-7

www.woerterseh.ch

Für Vanessa und Anna

1

»Noch eine Kurve und dann sieht man ihn schon, den Vorhof zur Hölle«, dachte Luky Landolt. Nie hätte er es für möglich gehalten, dass er schon kurz nach seinem siebzigsten Geburtstag in einem Alters- und Pflegeheim leben müsste.

Er hatte doch ganz andere Pläne. Er wollte mit seinem alten Austin Healey, den er über Jahre selber restauriert hatte, auf der Route Napoléon von Grenoble nach Cannes fahren und dort mit einem Freund ein Segelboot chartern. Doch dann schlug ohne Vorwarnung diese verdammte Krankheit zu. So heimtückisch, dass sie ihm einen dicken Strich durch all seine Pläne machte. Er war von einem Tag auf den anderen nicht mehr fähig, allein zu wohnen, war plötzlich eine Gefahr für andere und vor allem für sich selbst. Diese gesundheitliche Fragilität stand ganz im Gegensatz zu seiner immer noch attraktiven Erscheinung. Obwohl er einige graue Haare hatte, war sein Haarschopf noch dicht, und der Fünftagebart gab ihm etwas Abenteuerliches. Seine dunklen Augen funkelten noch immer, obschon sie mittlerweile von einigen Falten umgeben waren – die aber definitiv von viel Sonne und häufigem Lachen und weniger von Sorgen stammten.

Luky lehnte seinen Kopf gegen die Seitenscheibe des Busses, beobachtete, wie sie sich bei jedem Ausatmen kurz beschlug. Dann wieder schaute er entlang der nassen Landstrasse, die links und rechts von braunen Wiesen gesäumt war. Blätterlose Obstbäume trotzten dem kalten Wind. Obwohl es erst Nachmittag war, wurde es schon langsam dunkel. Es war einer dieser trüben Dezembertage, an denen es nie so richtig hell wird.

Auch dass es ihn jemals wieder ins Zürcher Oberland zurück verschlagen würde, hätte er vor kurzem noch für absolut unmöglich gehalten. Er wuchs zwar nur wenige Kilometer von hier auf und erinnerte sich gut daran, dass es früher zu dieser Jahreszeit auf den sanften Hügeln so viel Schnee gab, dass er mit dem Schlitten zur Schule fahren konnte. Auch kleine Skilifte gab es in fast jeder Gemeinde. Aber heute, mit der Klimaerwärmung, oder was auch immer das war, musste man ja schon froh sein, wenn es an Weihnachten mal wieder ein paar Schneeflocken gab.

Schon früh zog es den jungen Lukas, der später zu Luky wurde, nach Zürich. In der Stadt merkte er schnell, dass er mit seinem guten Aussehen, den flotten Sprüchen und seinem angeborenen Charme vor allem bei den Zürcherinnen sehr gut ankam. Auch lernte er, dass man in der Limmatstadt nicht unbedingt jeden Tag zehn Stunden in einem grauen Anzug in einem ebenso grauen Büro sitzen musste, um über die Runden zu kommen. Nein, da gab es viele einsame Banker- und Anwaltsgattinnen, die sich seine Gesellschaft, ob auf dem Golfplatz, als Tennislehrer oder auch mal nur als charmante Begleitung für ein Champagner-Cüpli am Limmatquai, einiges kosten liessen. Trotzdem hatte er nie viel Geld – »Easy coming, easy going«, das war seine Devise.

Gedanken über das Alter machte er sich nie, wahrscheinlich weil er sich nie alt fühlte und eine Altersvorsorge aus seiner Sicht eh nur etwas für Spiesser war. Er konnte nie etwas mit Typen anfangen, die schon mit fünfzig immer von der Rente redeten und davon, dass dann erst das Leben beginnen würde, bla, bla, bla. Er lebte jetzt, und das richtig.

Doch dann, vor knapp zwei Jahren, fuhr er mit seinem Oldtimer in einer leichten Linkskurve einfach geradeaus und schrottete unzählige Arbeitsstunden und viel Geld an einer alten Eiche. Er kam glücklicherweise mit dem Schrecken und ein paar blauen Flecken davon. Im Polizeirapport war unter Unfallursache zu lesen: Sekundenschlaf. Luky wusste nicht, ob das stimmte, er konnte sich schlicht an nichts mehr erinnern. Doch dieses plötzliche Einschlafen sollte nicht das einzige Mal bleiben. Immer öfter geschah es, dass er plötzlich einfach weg war. Das war der Anfang einer Odyssee, die ihn von Arzt zu Arzt und von Spezialist zu Spezialist führte, ohne dass sich wirklich etwas besserte.

Der Bus der Verkehrsbetriebe Zürichsee und Oberland verlangsamte seine Fahrt und bog blinkend in die Haltestelle. »Altersund Pflegeheim Abendrot«, kündigte die monotone Buslautsprecherstimme die Haltestelle an. Zischend öffneten sich die Türen. Doch niemand stieg ein oder aus. Der Busfahrer schaute ungeduldig in den Rückspiegel, mit dem er den Fahrgastraum überblicken konnte, dann nahm er das Mikrofon aus der Halterung und drehte die Lautstärke voll auf. Mit lauter Stimme wiederholte er: »Alters- und Pflegeheim Abendrot.« Luky schrak hoch, er musste auf den letzten Metern doch noch eingeschlafen sein. Er stand schnell auf, nahm seine grosse Apothekertüte – weiss mit grünem Kreuz –, die er während der Fahrt zwischen seinen Füssen festgeklemmt hatte, und stieg aus. Sofort kroch die nasse Kälte unter seinen Mantel. Er schlug den Kragen hoch, während er wartete, bis der Bus wieder losfuhr, in Richtung Rapperswil.

Luky überquerte die Strasse und ging zu der leicht ansteigenden Auffahrt hinüber, die zum Altersheim führte. »Was für ein Bild«, dachte er, »wie aus einem düsteren Hitchcock-Film. Es fehlen nur noch eine Leiche und ein paar verdammte Raben.«

Das Altersheim Abendrot hatte tatsächlich schon bessere Zeiten gesehen. Bis um die Jahrhundertwende war es die noble Fabrikantenvilla eines erfolgreichen Patrons der im Zürcher Oberland ansässigen Webindustrie gewesen. Doch diese Zeiten waren vorbei, und die Jahre hatten ihre Spuren an dem Haus hinterlassen. Nun war es in einem wirklich schlechten Zustand – genau wie die meisten seiner Bewohner: Wer im »Abendrot« wohnte, der träumte nicht von der nächsten Kreuzfahrt, sondern war auf staatliche Ergänzungsleistungen angewiesen, um einigermassen über die Runden zu kommen.

Langsam ging Luky die Auffahrt hoch. Es war ihm ein wenig schwindlig, wie immer, wenn er aus dem Schlaf gerissen worden war. Ein Auto bog von der Hauptstrasse in die Auffahrt, und Luky machte einen Schritt in die Wiese, damit es passieren konnte. Als der Wagen auf seiner Höhe war, stoppte er, und der Fahrer liess die Scheibe hinunter. Es war Doktor Steiner, der Arzt, der sich um die Bewohner des Altersheims kümmerte.

»Guten Abend, Herr Landolt. Wie geht es Ihnen?«

»Danke, ganz okay.«

»Hatten Sie in letzter Zeit wieder einen Anfall?«

Luky nickte und antwortete: »Grad vorhin im Bus, aber es ist alles wieder gut.«

»Wollen Sie mit hochfahren?«, fragte der Arzt besorgt.

»Nein, die paar Meter schaffe ich schon allein, bin ja jetzt wieder ausgeschlafen.«

»Schön, dass Sie den Humor nicht verlieren«, meinte der Arzt schmunzelnd und fuhr weiter die Auffahrt hoch.

Luky schaute dem Auto nach, das auf den kleinen Parkplatz einbog und neben dem alten Kleinbus des Heims parkte. Ausser Puste erreichte er den Parkplatz wenig später, und wie jedes Mal, wenn er von irgendwoher zurückkehrte, wartete da schon der alte

Paul auf ihn. Warm eingepackt, sass er in seinem Rollstuhl, die alte rot-hellblau-weisse Mütze – ein Werbegeschenk einer Bank, die seit Jahrzehnten einen neuen Namen hatte – tief ins Gesicht gezogen, und kaute auf dem Mundstück einer längst gerauchten Villiger Kiel herum.

»Hey, Luky, wie gehts?«, fragte Paul in seinem breiten Ostschweizer Dialekt.

»Ging schon besser. Und dir?«

Paul antwortete mit einem seiner typischen Hustenanfälle und zeigte mit dem Kopf auf die Plastiktüte in Lukys Hand.

»Hast du mein Zeugs auch bekommen?«

Luky hob die volle Apothekertüte hoch.

»Ja, ich komme mir vor wie ein Drogenkurier.«

Er legte den Sack auf Pauls Beine, löste die Bremse des Rollstuhls und schob ihn in Richtung Altersheim. Paul drehte sich zu Luky um.

»Du, machen wir nochmals Sapporo?!«

Luky tat überrascht, obwohl er längst mit dieser Frage gerechnet hatte.

»Meinst du wirklich?«, fragte er.

Paul nickte voller Begeisterung.

»Ja, bitte!«

»Gut, dann mach dich auf etwas gefasst!« Luky setzte eine ernste Miene auf und umklammerte die Griffe des Rollstuhls fester. Er bewegte ihn vor und zurück, wie das die Bobfahrer mit ihren Schlitten tun, bevor sie sich in den Eiskanal stürzen. Seine Stimme klang jetzt wie die eines Sportreporters: »Am Start steht Schweiz eins, dem Bob fehlt nur noch *ein* guter Lauf zum sensationellen Olympiasieg!« Aufmerksam schaute er Paul an, der sich an den Armlehnen seines Rollstuhls festklammerte und sich leicht nach vorn beugte, und schrie: »Ready?!«

Paul nickte.

Luky beugte sich über den Rollstuhl.

»Und eins und zwei und go, go, go!«

Luky rannte los und schob den Rollstuhl, so schnell er konnte, über den Parkplatz in Richtung Altersheimeingang.

Paul lachte und rief aus vollem Hals: »Hopp Schwiiz! Hopp Schwiiz!« – dann ein kräftiger Huster und nochmals: »Hopp Schwiiz! Hopp Schwiiz!«

Luky war total darauf konzentriert, dass der Rollstuhl in der anspruchsvollen Zielkurve nicht samt Paul umkippte und trotzdem möglichst viel Tempo auf die Zielgerade mitnehmen konnte. Deshalb sah er nicht, wie Daniela Kunz, die Leiterin des Heims, just in dem Moment aus der Tür trat, als die beiden mit vollem Tempo der Ziellinie entgegenrasten. Nur mit einem beherzten Sprung konnte sie sich vor einer fatalen Kollision mit dem Rollstuhl retten. Ihr omnipräsentes Klemmbrett flog durch die Luft, und Daniela Kunz landete neben dem Eingang in einer Pfütze, direkt neben der alten verwitterten Tanne, an der eine schäbige Weihnachtsbeleuchtung flackerte. Vor Wut schnaubend, stand sie auf, wischte sich das Dreckwasser von der Hose und hob fluchend das Klemmbrett auf.

Luky keuchte und klopfte Paul wie wild auf die Schultern.

»Bestzeit! Das ist die Goldmedaille für den Schweizer Zweierbob! Sensationell!«

Paul riss seine Arme hoch, jubelte und strahlte übers ganze Gesicht.

Kunz schaute Luky vorwurfsvoll an und schüttelte ihren hochroten Kopf.

»Mich nimmt wunder, wann Sie mal erwachsen werden!«

Luky wischte sich den Schweiss von der Stirn.

»Hoffentlich nie«, sagte er und zwinkerte ihr zu.

Noch völlig ausser Atem, zog er zwei billige Zigarren aus seiner Manteltasche, steckte sich eine in den Mund und reichte die andere Paul.

»Die Siegerzigarre!«, lachte Paul in Richtung der Heimleiterin und kramte ein Plastikfeuerzeug aus seiner Manteltasche.

Kunz schaute Luky mit strafendem Blick an.

»Sie wissen doch, dass der Paul mit seinen Lungen nicht mehr rauchen darf.«

Paul hatte in der Zwischenzeit einen Flachmann aus einer der Seitentaschen seines Gefährts geholt, nahm einen grossen Schluck und reichte ihn an Luky weiter.

Jetzt war die Kunz vollends entsetzt.

»Das auch noch?!«, japste sie vorwurfsvoll und stemmte ihre Arme in die Hüfte.

Paul winkte ab, hustete und meinte: »Keine Bange, junges Fräulein, ich trinke nicht viel – muss ja noch fahren.«

Dabei bewegte er seinen Rollstuhl hin und her. Die beiden Männer lachten los, und Luky hielt der fassungslosen Kunz jovial den Flachmann entgegen.

»Sie sollten sich etwas entspannen, ich kenne da eine gute Massage…«

Wieder lachten die Männer.

Kunz hatte jetzt endgültig genug von dem kindischen Getue, liess die Männer wortlos stehen und ging auf einen alten Kleinbus zu, der auf dem Parkplatz stand.

2

Maria Gerber sass in ihrem alten, mit geblümtem Stoff bezogenen Ohrensessel und löste den neuen Jahreskalender der Pro Senectute, den sie jedes Jahr im Dezember bekam, aus dem Zellophanpapier. Die kleine, zierliche Frau versank fast in dem voluminösen Fauteuil. Er war immer ihr Lieblingssessel gewesen und eines der wenigen Möbelstücke, die sie ins Altersheim mitgenommen hatte. Zu gross und umständlich war die Wohnung geworden, in der sie fast fünfundvierzig Jahre mit ihrem Mann gelebt hatte. Und jetzt war sie auch schon fast zehn Jahre hier im »Abendrot«.

Sie blätterte die zwölf Landschaftsbilder des Kalenders durch, und plötzlich kam ihr ein Satz in den Sinn, den sie als Kind häufig von ihrer Grossmutter gehört hatte: »Je älter man wird, desto schneller vergeht die Zeit.« Ihre Grossmutter hatte das immer genau dann zu ihr gesagt, wenn sie entweder die Zeit vertrödelte oder wenn es ihr langweilig war und sie nicht wusste, wie sie die Zeit herumkriegen sollte. Sonntags, wenn sie lange ausschlief, fügte die Grossmutter noch den Zusatz an: »Das ist dem Herrgott den Tag gestohlen«, erinnerte sich Maria weiter und zupfte, versunken in vergangenen Zeiten, ein paar welke Blätter aus dem Blumenstrauss, der auf dem kleinen Tisch stand. Sie war sehr froh, dass sie immer noch so klar im Kopf war und sich noch an fast alles erinnern konnte. »Das Einzige, was einem im Alter bleibt, sind doch die Erinnerungen«, dachte sie etwas melancholisch.

Neben der Blumenvase lag eine Glückwunschkarte mit einer goldenen, in geschwungener Schrift geschriebenen Neunzig. Obwohl ihr der Krieg einen Teil ihrer Jugend geraubt hatte und sie ihren Traum, Architektur zu studieren, zum Wohl der Familie begraben musste, hatte sie doch ein schönes Leben gehabt. Jahrelang machte sie das Büro einer kleinen Baufirma, wo sie auch ihren Mann kennen lernte. Ein gelernter Maurer, der dort als Polier arbeitete. Es folgte die Heirat, und schon bald war sie schwanger. Leider war es eine sehr schwierige Schwangerschaft, und auch die Geburt verlief nicht ohne Komplikationen, was zur Folge hatte, dass das Neugeborene ihr einziges Kind blieb.

»Ja, ich kann, nein, muss doch zufrieden sein«, dachte sie. »Es war lange Zeit ein ganz normales Leben, bis an dem Tag, als …«

Ein Klopfen an der Zimmertür riss sie aus ihren Gedanken. Maria schaute kurz auf die alte Kuckucksuhr an der Wand, eine Erinnerung an ihre Hochzeitsreise in den Schwarzwald.

»Pünktlich wie immer«, dachte sie, zupfte ihre Strickjacke zurecht und rief: »Herein!«

Doktor Steiner betrat das Zimmer, und sofort fielen ihm die Blumen auf.

»Oh, da gratuliere ich aber herzlich«, sagte er und setzte sich auf einen Stuhl zu Maria an den Tisch.

»Haben Sie schön gefeiert?«

»Ja, danke, es war ganz nett.«

Es entstand eine unangenehme Pause.

Ohne Maria in die Augen zu schauen, zog der Arzt einen Umschlag aus seiner Tasche und sagte mit ernster Stimme: »Die Testresultate und der Laborbericht sind gekommen.«

Maria fiel der sachliche Ton des Mediziners auf, was sie als ungutes Zeichen deutete.

»Und?«, fragte sie.

Doktor Steiner presste seine Lippen zusammen und schüttelte nur den Kopf.

3

Die Eingangstür des Altersheims öffnete sich langsam. Hans Bolliger kam nicht zum ersten Mal zu spät ins Altersheim zurück. Er wusste genau, dass er die Tür ganz vorsichtig öffnen musste, wollte er das verräterische Knarren vermeiden. Trotz seiner vollen Konzentration konnte er sich ein Schmunzeln nicht verkneifen. Genau so mussten sich damals seine Schüler gefühlt haben, wenn sie sich verspätet hatten und versuchten, unbemerkt ins Klassenzimmer zu schleichen. Nur war auch er längst kein Schüler mehr, sondern ein achtzigjähriger Mann. Sich wie ein Schuljunge mit schlechtem Gewissen zu fühlen, belustigte Hans zwar, doch ganz tief in ihm machte es ihn auch wütend und traurig. Wie konnte er sich wegen einer Hausordnung und eines Hausdrachens wie der Kunz so kleinmachen? Das konnte doch nicht wahr sein. Erniedrigend. Er, Hans Bolliger, der …

»Es ist Viertel nach vier, und wann sollten wir zurück sein? Herr Bolliger, Sie wissen, dass das Konsequenzen hat!«

Daniela Kunz stand vor Hans wie ein Offizier. Sie überragte den nicht sehr grossen Mann um fast einen Kopf und schien das zu geniessen.

Hans suchte verzweifelt nach einem Ausweg, und dann fiel sein Blick auf die Tür zur Gästetoilette, die direkt neben dem Eingang lag. Ohne ein Wort zu sagen, schob er die Kunz zur Seite, rannte zur Toilette und verschwand in dem kleinen Raum, der eigentlich für Gäste reserviert war.

»Um vier … aber ich musste unterwegs dreimal einen Toilettenhalt einschieben – die verdammte Prostata, Sie wissen ja«, rief er durch die geschlossene Tür.

Kunz machte sich eine Notiz auf ihrem Klemmbrett und ging in ihr Büro zurück. Nach einer Weile öffnete Hans die Toilettentür einen Spaltbreit und spähte hinaus, um zu sehen, ob die Luft rein war. Daniela Kunz war verschwunden. Schnellen Schrittes ging er durch die Eingangshalle und die Treppe hoch zu seinem Zimmer. Auf dem Flur kam ihm Doktor Steiner entgegen. Steiner nickte Hans zu und fragte ihn, wie es ihm gehe.

Hans zog die Schultern hoch.

»Einigermassen«, antwortete er, »aber ich kenne mittlerweile jede Toilette im Umkreis von zehn Kilometern.«

»Das Bier nicht zu kalt trinken«, schlug der Arzt lächelnd vor.

Hans tippte sich bedankend an die Stirn und ging weiter.

Doktor Steiner ging zum Ausgang, wo er von Daniela Kunz abgefangen wurde.

»Wie geht es Maria Gerber?«, fragte sie.

Der Arzt schüttelte nur leicht den Kopf und ging an ihr vorbei zur Tür hinaus und zum Parkplatz.

Kunz drehte sich zu ihrer Assistentin um, die ihr gefolgt war, und sagte: »Claudia, ruf bei der Gemeinde an, hier wird bald ein Zimmer frei.«

4

Hans schloss die Zimmertür hinter sich und hängte den nassen Wintermantel zum Trocknen über den Heizkörper. Die Schuhe, in die er altes Zeitungspapier gestopft hatte, stellte er darunter und prüfte mit der Hand, ob die Heizung auch wirklich warm genug eingestellt war. Sein Zimmer war akribisch aufgeräumt. Alles hatte genau seinen Platz. Auffallend war ein grosses Bücherregal, in dem Hunderte Bücher perfekt einsortiert waren. Ja, es musste alles seine Ordnung haben in Hans' Leben. Er wusste, dass er mit seinem Ordnungssinn fast alle beinahe in den Wahnsinn trieb. Die Einzige, die immer gemocht hatte, dass sie nie hinter ihm herräumen musste, war seine Frau. Auch wusste er, dass er damals von seinen Sekundarschülern den Spitznamen »Meister Proper« bekommen hatte, aber das kümmerte ihn nicht. Die klare Ordnung und die Tatsache, dass er immer und für alles einen Plan brauchte, gaben ihm Sicherheit.

Auf einem kleinen Tisch stand seine alte mechanische Schreibmaschine, eine Hermes Baby, die er vor vielen Jahren auf einem Flohmarkt in Zürich für ein paar Franken erstanden und natürlich vor dem ersten Gebrauch bis in die letzte Ritze perfekt gereinigt hatte. Daneben, ebenfalls fein säuberlich geordnet, eine ganze Sammlung verschiedener Medikamente. Hans massierte seine schmerzende Hüfte. Er wollte eine längst fällige Hüftgelenkoperation hinausschieben, solange es ging. Idealerweise bis zum

Frühling. Krücken im Winter waren in seinem Alter keine gute Idee. Zudem hasste er Krankenhäuser und war überzeugt, dass die Menschen meist kränker entlassen wurden, als sie eingetreten waren – wenn sie überhaupt zurückkehrten.

Hans nahm aus drei Medikamentenschachteln je zwei Tabletten und schluckte sie trocken hinunter. Langsam und unter grossen Schmerzen setzte er sich an die Schreibmaschine, zog sein kleines, schwarzes Notizbüchlein aus der Hosentasche und schlug es bei der Seite auf, wo ein Buchzeichen drinsteckte. Fein säuberlich – wie konnte es anders sein – hatte er sich mit lehrertypisch gleichmässiger Handschrift Notizen gemacht. Nicht irgendwelche Notizen, sondern neue Ideen für seinen dritten Roman – seine beiden ersten Manuskripte lagen akkurat gebunden und unveröffentlicht in seinem Bücherregal. Hans öffnete die Tischschublade und zog ein weisses Papier heraus, steckte es hinter die Walze der Schreibmaschine und drehte das Walzenrad. Mit klickendem Geräusch wurde der jungfräuliche Papierbogen um die Walze gezogen und erschien auf der anderen Seite wieder. Dann bediente Hans ein paarmal den Zeilenschalthebel, beförderte das Blatt so an die genau richtige Position und begann zu tippen.

Lesen und Schreiben waren schon immer seine grossen Leidenschaften. Ein bekannter Schriftsteller zu sein – das wäre sein Wunsch gewesen. Natürlich verehrte er die grossen Schweizer Schriftsteller, hatte alles von Dürrenmatt und Frisch mehrmals gelesen und piesackte als Lehrer auch seine Schüler immer wieder mit den kleinen gelben Reclam-Büchlein. Aber am liebsten mochte er doch die alten Krimis von Agatha Christie. Genau solche Romane wollte er schreiben. Einen eigenen Hercule Poirot erschaffen, das war sein Traum.

Jetzt aber wurde sein konzentriertes Tippen schon nach wenigen Zeilen jäh von lauter Musik aus dem Nachbarzimmer unterbrochen. Wütend schob er die Lesebrille auf den schon fast kahlen Kopf.

»Nicht schon wieder dieser Julio Iglesias, den halte ich nicht aus!«, rief er und schlug mit der Faust gegen die Wand. »Frida! Mach leiser!«

Doch Julio trällerte unverändert laut seine spanische Schnulze. Irgendetwas über »amor, amor, amor«. Grauenhaft. Hans stand langsam auf und ging zum Zimmer seiner Nachbarin Frida Pizetta. Energisch klopfte er an die alte Holztür. Nichts. Er klopfte nochmals, lauter, und schlug dazu den goldenen Siegelring, der an seinem kleinen Finger steckte, gegen die Tür. Der Ring mit eingraviertem Familienwappen der Bolligers war ein Erbstück seines Vaters. Jetzt war ein fürchterlicher Hustenanfall aus dem Zimmer zu hören, gefolgt vom Geräusch schlurfender Schritte. Endlich öffnete Frida.

»Was?!«, wollte sie wissen und fuhr sich mit der Hand durch das struppige graue Haar. Sie sah aus, als komme sie eben aus dem Bett, was durchaus zutreffen konnte. Neben ihr stand auf einem kleinen Wagen eine Sauerstoffflasche, von der ein durchsichtiger Schlauch zu ihrer Nase führte. Das gab ihr zwar einen gewissen Anschein von Gebrechlichkeit, doch im Gegensatz zu Hans' drahtiger Figur wirkte Frida geradezu burschikos. Man sah ihr an, dass sie ihr ganzes Leben lang körperlich gearbeitet hatte. Auch im Winter trug sie meistens kurzärmlige Pullover, weil ihr immer zu warm war.

»Musst nicht so nervös klopfen, bin kein Rennpferd«, schnaubte Frida nun.

Hans zeigte mit dem Kopf in die Richtung, aus der die schreckliche Musik kam.

»Die Musik, ich bin am Schreiben.«

»Ja und? Dein Zeugs liest ja eh kein Schwein.«

»Kann der Gigolo nicht auch ein bisschen leiser singen?«, fragte Hans, ohne auf die Anspielung auf seine ziemlich erfolglose zweite Karriere als Schriftsteller einzugehen.

Frida drehte sich wortlos um und stellte die Musik ein ganz kleines bisschen leiser.

»Eifersüchtig?«, fragte sie zurück.

Hans brauchte einen Moment, bis er die Frage richtig begriffen hatte.

»Du meinst auf Julio Iglesias?«

Frida nickte, und ihr Blick wanderte über Hans' Schulter irgendwohin in die unendliche Ferne.

Es hatte eine Zeit gegeben, in der Frida wirklich attraktiv war. Das war, bevor sie über fünfzig Jahre lang als Putzfrau den Dreck anderer Leute wegmachen musste. Sich ihre Lunge mit ätzenden Säuredämpfen ruinierte und die Bandscheiben kaputt schuftete. Eine Zeit, in der sie glaubte, mit ihrem Reinigungsinstitut so viel Geld zu verdienen, dass sie im Alter auf Capri auf der Veranda ihres kleinen Häuschens würde sitzen können und der Sonne zuschauen, wie sie langsam im Meer versank.

Doch das Einzige, was unterging, war ihre Firma. Natürlich war sie weder einer Pensionskasse angeschlossen noch hatte sie sonstige Ersparnisse. Sie musste ihr ganzes Leben weiterschuften und immer für das Nötigste kämpfen – da blieb keine Zeit für Männer oder »amor«. Nur das Träumen hatte Frida nie verlernt. Warum es unbedingt Capri sein musste, wo sie ihr Alter verbringen wollte, wusste sie nicht – oder nicht mehr. Sie war nie dort gewesen, eigentlich noch überhaupt nirgendwo. Wusste nicht einmal mehr, wann sie das letzte Mal richtig Ferien gemacht hatte. Als junges Mädchen hatte sie eine Zeit lang im Welschland gelebt, später war sie ein paarmal in Italien, wo die Familie ihres Vaters herkam.

»Iglesias wäre der einzige Mann gewesen, den ich geheiratet hätte«, sagte sie endlich und seufzte laut. »Gegen den sind doch alle anderen nur Schlappschwänze.«

Sie klopfte Hans auf die Schulter, um sicherzugehen, dass er begriff, dass auch er zu dieser Kategorie Männer gehörte.

»Hörst du mir überhaupt zu?«, fragte Hans leicht gereizt. »Kümmere du dich doch lieber um deine Freundin, der Arzt war gerade bei ihr.«

Frida wurde von einem weiteren Hustenanfall geschüttelt und schloss keuchend und kommentarlos ihre Zimmertür.

Maria und Frida sassen nebeneinander auf Marias Bett. Sie waren ein sehr ungleiches Paar. Die noch immer kräftige Frida mit den kurzen Haaren und daneben die kleine zierliche Maria. Zusammen blätterten sie in einem alten Fotoalbum, das auf Marias Knien lag. Die Fotos waren schon leicht vergilbt, wurden aber einst liebevoll eingeklebt. Maria fuhr mit ihrem leicht zitternden Zeigfinger über eines der Bilder, auf dem eine Frau Mitte fünfzig zu sehen war, die ein Baby auf dem Arm trug.

»Das war Steffis erster Geburtstag«, sagte Maria und wischte sich mit einem Papiertaschentuch, das sie aus dem Ärmel ihrer Strickjacke gezogen hatte, eine Träne aus dem Gesicht.

Frida schaute sich das Foto genauer an.

»Und die Frau …?«

»Ja, das bin ich«, nickte Maria.

Frida nahm Marias Hand in ihre und drückte sie leicht. Erst jetzt fiel ihr auf, wie klein und zerbrechlich Marias Hände waren. Die Adern schimmerten bläulich durch die dünne Haut, die von Altersflecken übersät war. Dagegen wirkten Fridas Arbeiterhände wie Pranken.

Vorsichtig blätterte Maria eine weitere Seite des Albums um und strich die Falten aus dem dünnen transparenten Mittelblatt, das die Fotos schützte.

»Da ist Steffi wohl schon etwas älter«, sagte Frida, und Maria nickte.

Das Foto zeigte ein kleines Mädchen, das in tiefem Schnee kniete und dabei war, einen Schneemann zu bauen. Neben ihm lagen eine Möhre und zwei Baumnüsse bereit, um dem weissen Mann später ein Gesicht zu geben. Unter dem Foto klebte ein weiteres, das schon fast verblichen und etwas dicker war als die anderen. Aufgenommen mit einer der ersten Polaroid-Sofortbildkameras – damals die absolute Sensation.

Maria erinnerte sich, wie Steffi die Fotos, sobald sie vorne an der Kamera aus dem Schlitz geschoben wurden, freudig packte und wie empfohlen damit in der Luft umherwedelte. Staunend sah sie zu, wie aus den als Erstes erkennbaren Umrissen wie von Geisterhand ein Bild entstand, das immer schärfer und konkreter wurde, bis es perfekt entwickelt war. Auch Maria empfand diesen Vorgang als absolutes Wunderwerk der Technik. Kein wochenlanges Warten mehr, bis man das Resultat sehen konnte, nachdem man die Filmrolle in einem Fotogeschäft in eine Papiertasche geschoben und zum Entwickeln in Auftrag gegeben hatte. Steffi liebte die Kamera, und obwohl die dafür nötigen Spezialfilme sehr teuer waren, knipste sie alles, was sie festhalten wollte. Auf dem Polaroid-Foto im Album war Steffi schön angezogen; die blonden Haare zu zwei Zöpfen geflochten, stand sie neben einem Christbaum, an dem die Kerzen brannten, und spielte auf der Blockflöte, wohl ein Weihnachtslied.

»Ich kann nicht glauben, dass das schon fast dreissig Jahre her ist. Dreissig Jahre, mein Gott«, sagte Maria. »Warte, das muss Weihnachten … ich glaube, einundneunzig gewesen sein«, ergänzte sie.

»Wo wart ihr da?«, wollte Frida wissen.

»Im Wallis, in Verbier, mein Mann kam von dort, und immer an Weihnachten konnten wir ein kleines Haus von seinem Bruder mieten.«

Maria blätterte erneut um. Auf der nächsten Seite war kein Foto, sondern eine Kinderzeichnung eingeklebt. In die Mitte war ein grosses rotes Herz gemalt, und darüber stand in wackliger Kinderschrift, jeder Buchstabe in einer anderen Farbe: »Für Omi – von Steffi«. Maria strich über die Zeichnung, als wollte sie Steffi streicheln, die sie jetzt so gern bei sich gehabt hätte.

»Wo sie jetzt wohl sein mag?«, dachte Maria, und wieder kamen ihr die Tränen. Sie schaute vom Album hoch und aus dem kleinen Fenster ihres Zimmers. Es war dunkel, und es hatte wieder zu regnen begonnen. In ihren Gedanken war sie dreissig Jahre zurück, in einer Zeit, in der noch alles in Ordnung war.

»Ja, da waren wir immer am glücklichsten … an Weihnachten, in den Bergen. Mit viel Schnee und Schweinebraten mit Kruste … ja, das wäre jetzt schön«, sagte sie geistesabwesend, während ihr die Tränen über die gefurchten Wangen rannen.

6

Luky sass in seinem Zimmer rittlings auf der Fensterbank des einzigen Fensters und lehnte sich gefährlich weit hinaus. Zufrieden paffte er seine wohlverdiente Siegerzigarre zu Ende, als es an die Tür klopfte.

Noch bevor er etwas sagen oder die Zigarre verschwinden lassen konnte, stand Daniela Kunz in seinem Zimmer und stürmte wie eine Furie auf ihn los, riss ihm die Zigarre aus der Hand und warf sie aus dem Fenster in den darunter liegenden Garten.

»Wie oft muss ich es Ihnen noch sagen: Im ganzen Haus ist das Rauchen verboten! Und mit Ihrer Narkolepsie schlafen Sie eines Tages mit dem Stinkteil im Mund ein und fackeln hier alles ab!«

Luky lehnte sich demonstrativ noch weiter aus dem Fenster, bis ihm der Regen ins Gesicht prasselte.

»Aber ich war ja praktisch draussen«, gab er zu bedenken.

Daniela Kunz musterte ihn abschätzig.

»Treiben Sie es nicht zu weit, Herr Landolt. Es haben schon ganz andere gemeint, sie müssten sich nicht an die Hausordnung halten – und wissen Sie was?«

Luky tat, als würde er angestrengt nachdenken, und sagte dann: »Sie möchten jetzt die entspannende Massage haben, stimmts?«

»Ich habe sie alle so klein gekriegt«, fuhr Kunz weiter und zeigte zwischen Zeigfinger und Daumen einen Abstand von etwa fünf Zentimetern.

Luky wiegte seinen Kopf hin und her.

»Also, ein bisschen grösser ist er schon…«, lächelte er sie an.

Kunz drehte auf dem Absatz um, ging hinaus und knallte die Tür hinter sich zu.

7

Der Speisesaal des Altersheims füllte sich langsam mit mehr oder weniger hungrigen Seniorinnen und Senioren. Der grosse Saal war in zwei ganz unterschiedliche Bereiche unterteilt. In dem einen Teil waren die Wände mit dunklem Holz getäfert, und die rund vier Meter hohe Decke wurde von Balken aus demselben Holz getragen. Auch die Leuchter, an denen aus Spargründen nur die Hälfte der Glühbirnen brannten, waren aus dunklem Holz mit Verzierungen aus Schmiedeeisen. Die andere Hälfte des Saals hatte weisse Wände und an der Decke aufwendige Stuckaturen. Hier gab es grosse Fenster, die bis auf den Boden reichten und früher wohl in einen gepflegten Park führten. Ohne Frage, dieser Raum hatte vor einigen Dekaden sicher tolle Feste und Empfänge gesehen, doch heute wirkte alles etwas schmuddelig. Wollte man nett sein, konnte es auch als starke Patina bezeichnet werden.

Der hölzerne Teil diente zu Fabrikantenzeiten wohl als Herrenzimmer oder vielleicht auch als Bibliothek. Wahrscheinlich gab es eine Verbindungstür zum grossen und hellen Wohnraum. Doch als die Villa zum Altersheim umfunktioniert wurde, hatte man die Zwischenwand kurzerhand herausgebrochen, um einen grossen Speisesaal zu bekommen. Es war offensichtlich, dass es den am

Umbau Beteiligten egal war, wie hässlich nun alles aussah. Wahrscheinlich war man der Meinung, die Alten würden eh nicht mehr gut sehen und könnten sowieso froh sein, an einem solch schönen Ort wohnen zu dürfen. Obwohl der weisse Teil des Raums der edlere war, waren die Plätze dort nicht sehr begehrt. Das lag weniger am Ambiente als vielmehr an der Tatsache, dass die grossen Fenster schon lange nicht mehr dicht waren und es ständig zog. Und Durchzug, das wusste jeder, der im »Abendrot« wohnte, war pures Gift.

Das Personal war fast fertig mit dem Eindecken der grossen Tische. Natürlich hatten jede Seniorin und jeder Senior ihren Stammplatz – da gab es nichts zu rütteln. Und wie in fast allen Einrichtungen dieser Art wurde auch im »Abendrot« schon um halb sechs das Abendessen serviert. Das wäre besser für die Verdauung, hiess es, doch der wahre Grund war wohl eher, dass das Personal möglichst früh nach Hause wollte. Einige Bewohnerinnen und Bewohner wurden nun in Rollstühlen an ihre Tische geschoben, andere benutzten Gehhilfen. Dazwischen einige noch rüstige Alte, die sich schon mal setzten und sich die Serviette umbanden.

Hans, der selbstverständlich auch grössten Wert auf Pünktlichkeit legte, gehörte meist zu den Ersten, die den Speisesaal betraten. Wie immer setzte er sich auch heute auf seinen Platz an den Tisch mit der Nummer elf, der ebenfalls wie immer für fünf Personen gedeckt war. Und wie immer griff sich Hans den Wasserkrug, in dem die verdauungsfreundlichen Feigenschnitze schwammen, und goss alle fünf Gläser voll. Jetzt kam Luky herein, der Paul in seinem Rollstuhl an dessen Tisch schob, ihm einen guten Appetit wünschte und sich dann zu Hans auf seinen Platz setzte.

»Mitten am Nachmittag Abendessen. Ich halte das nicht aus«, sagte Luky, der sich noch immer nicht an die vorgeschriebenen

Essenszeiten gewöhnt hatte. Um diese Zeit hatte er normalerweise noch gearbeitet oder höchstens sein erstes Feierabendbier getrunken.

»Alles in Ordnung?«, wollte Hans wissen.

Luky nickte nur, nahm ein Stück Brot und tröpfelte Maggi-Würze darauf. Hans schaute, wie die braunen Tropfen im trockenen Brot versickerten.

»Zu viel Salz ist schlecht für deinen Blutdruck«, meinte er.

Luky biss ins Brot, kaute und sagte mit vollem Mund: »Der Blutdruck ist gerade mein kleinstes Problem, lieber Hans.«

Hinter ihnen hörten sie jemanden laut fluchen und dann ein gekrächztes »Jetzt geh mal aus dem Weg, du alte Krähe!«. Zweifellos: Frida war im Anmarsch. Schwer atmend und hustend bahnte sie sich ihren Weg und liess sich dann auf ihren Stuhl fallen. Sie hatte gerötete Augen und schniefte laut. Hans schaute sie besorgt an.

»Frida, was ist denn los?«

Eine Angestellte kam an ihrem Tisch vorbei.

Frida stoppte sie mit einem charmanten »Hierher!«, zeigte dann auf eines der fünf Gedecke und meinte: »Räumen Sie das ab, Frau Gerber kommt heute nicht.«

Hans warf Luky einen beunruhigten Blick zu, und im selben Moment erklang der übliche Gong als offizielles Zeichen für den Beginn des Abendessens. Als wäre der Gong auch ihr Zeichen, erschien Inge von Hellbach oben auf der Treppe, die von der noblen, weissen Seite des Hauses in den Speisesaal hinunterführte. Niemand wusste, wie alt Inge war, geschweige denn, woher sie kam und warum sie hier im Altersheim lebte. In einem viel zu eleganten Kleid schwebte die grosse, schlanke Frau die Stufen hinunter, als ginge sie über eine Broadway-Showtreppe. Doch auf den zweiten Blick wurde klar: Das Kleid stammte aus einer lange vergangenen, erfolgreicheren Epoche ihres Lebens. Ihr Auftritt wirkte absolut grotesk in dem schäbigen Ambiente des Altersheims. Doch wie jeden Abend drehten die meisten Heimbewohner ihre Köpfe in Inges Richtung und schauten gebannt ihrem Auftritt zu. Die Seniorin hatte ihr Publikum und schien jede Sekunde zu geniessen.

Wie aus dem Nichts erschien dann unten an der Treppe die Kunz und wedelte etwas Luft von Inge her in ihre Richtung.

»Rieche ich da etwa Alkohol!?«, fragte sie eine Spur zu laut.

»Auf keinen Fall«, erwiderte Inge in perfektem Bühnendeutsch und wischte sich eine Strähne ihrer langen, blonden Haare aus dem Gesicht. Ob es ihre echten Haare oder eine Perücke war, wusste niemand. »Das ist mein Parfüm – auf dem Flakon steht fünfundachtzig Prozent Alkohol, wenn Sie das meinen.«

Ohne eine Antwort abzuwarten, schwebte sie in Richtung Tisch Nummer elf davon. Luky sprang auf und stellte galant den alten Holzstuhl für sie bereit. Inge setzte sich und liess ihren Blick durch den Speisesaal schweifen, als suchte sie den Sommelier. Mit einem Seitenblick versicherte sie sich, dass die Kunz verschwunden war, zog einen Flachmann aus ihrem üppigen Dekolleté, schraubte den silbernen Deckel ab und gönnte sich einen grossen Schluck. Auch Inge bemerkte, dass es Frida nicht gut ging.

»Wie siehst du denn aus?«, fragte sie.

»Ja!«, insistierte Hans, »sag endlich, was ist mit Maria?«

Inge, Hans und Luky blickten besorgt auf Frida, die einen weiteren Hustenanfall nur dadurch unterdrücken konnte, dass sie den Hahn der Sauerstoffflasche etwas mehr aufdrehte. Langsam griff sie dann nach dem vor ihr stehenden Wasserglas und hob es hoch.

»Auf Maria!« Und mit einem Blick durch den Speisesaal fuhr sie fort: »Die Glückliche hat das hier alles bald hinter sich.«

Inge sah Frida erschrocken an und musste gleich einen weiteren Schluck des hochprozentigen Notvorrats zu sich nehmen. Frida drehte den Sauerstoffhahn noch etwas mehr auf.

»Ja, letale Diagnose, noch ein paar Wochen, und dann kann sie die Harfe fassen.«

Betretenes Schweigen machte sich am Tisch breit. Niemand wollte oder konnte etwas sagen. Obwohl eine solche Nachricht in einem Altersheim ja grundsätzlich nichts Ungewöhnliches ist, war es für Luky, Hans und Inge ein grosser Schock. Ausgerechnet die gutmütige Maria, die immer allen alles recht machen wollte und sich selber immer hintanstellte. Frida nahm einen Schluck Feigenwasser und verzog angeekelt das Gesicht. Inge kontrollierte kurz, ob die Luft rein war, und gab je einen grosszügigen Schuss Alkohol in die Gläser ihrer Freunde, die dann dankbar etwas von dem jetzt einigermassen trinkbaren Feigenwasser tranken.

»Da krampfst du dein ganzes Leben lang, und zum Schluss hockst du allein in dieser ›Altersresidenz‹, säufst Feigenwasser und pisst in die Windeln«, schloss Frida und leerte ihr Glas auf ex.

Eine Angestellte kam an ihren Tisch und stellte eine Schüssel mit Essen hin. Hans hob den Deckel, schaute hinein und verzog das Gesicht.

»Aber nicht schon wieder diese verkochten Mehlkartoffeln.«

Die Angestellte zuckte mit der Schulter und antwortete gleichgültig: »Sie müssen sie ja nicht essen, essen ist hier freiwillig.«

Hans schaute von der Schüssel mit der gelben Pampe hoch und brummte: »Ja, das ist aber auch das Einzige, was hier freiwillig ist.«

Inge kümmerte sich nicht um ihn und fragte Frida: »Und die Ärzte können nichts machen?«

Frida schüttelte den Kopf.

»Nein, die nicht, aber wir können was machen.«

Luky schaute sie zweifelnd an.

»Aber ...«, begann er.

»Nichts aber«, fuhr ihm Frida über den Mund. »Maria ist zweifellos der beste Mensch, den ich je getroffen habe, noch zu bescheiden, ihren letzten Wunsch jemandem deutlich mitzuteilen.«

Inge schaute Frida erstaunt an.

»Ja was denn nun? Sie hat einen letzten Wunsch geäussert? Oder doch nicht? Wie meinst du das?«

»Nicht so klar halt, ihr kennt sie ja ... Aber ich weiss, sie träumt davon, noch einmal Weihnachten in den Bergen zu feiern, da war sie immer am glücklichsten«, sagte Frida.

Luky schöpfte sich ein paar der dampfenden, klebrigen Kartoffeln auf seinen Teller und leerte einen grossen Löffel braune Sauce darüber, die er mit ein paar Spritzern Maggi nachwürzte.

»Aber sie kann doch in ihrem Zustand nicht allein in die Berge fahren«, meinte er kopfschüttelnd.

»Genau«, nickte Frida und schaute einen nach dem anderen eindringlich an.

Hans versuchte verzweifelt, das Stück Fleisch in seinem Teller zu zerschneiden. Entweder war das Messer total stumpf oder das Fleisch unendlich zäh. Dann spürte er Fridas stechenden Blick.

»Was schaust du uns an?«, wollte er wissen. »Du meinst doch nicht etwa, wir sollten ...?«

»Wer denn sonst?! Sie hat ja ausser uns niemanden«, antwortete Frida, zog den Sauerstoffschlauch aus ihrer Nase und begann zu essen.

Inge rückte nachdenklich die Manschetten ihrer alten Seidenbluse zurecht.

»Letzte Wünsche sind heilig«, meinte sie, »ich hoffe, ich kann mit meinem letzten Wunsch auch mal auf euch zählen.« Sie griff nach ihrem Flachmann und nahm einen weiteren Schluck. »Aber jetzt brauchen wir erst mal einen Plan, wie Maria ihre letzte Weihnacht tatsächlich in den Bergen feiern kann.« Inge schaute nun Hans an, der lustlos in seinen Kartoffeln stocherte. »Mein lieber Hans«, fuhr sie fort, »und wenn einer von uns in der Lage ist, für so was einen Plan zu machen, dann du. Schliesslich musstest du doch früher auch Schülerreisen organisieren, oder?«

Alle blickten auf Hans, der etwas verlegen wurde.

Frida schluckte einen Bissen hinunter und relativierte: »Ja, aber das war hundert Jahre vor der missglückten zweiten Karriere als Krimiautor. Nicht wahr, Sherlock Holmes?«

Hans warf ihr einen bösen Blick zu und erwiderte: »Ja, planen kann ich gut.«

Doch Frida konnte es nicht lassen und stichelte weiter: »Darum sitzt du jetzt auch hier in diesem Loch.«

Hans ignorierte sie und schaute Inge fragend an.

»Dann mach dich mal an die Arbeit«, sagte sie und klopfte ihm aufmunternd auf die Schulter.

Doch Hans verstand nicht ganz, was sie damit meinte.

»Aber wie stellst du dir das vor?«, fragte er. »Maria liegt im Sterben. Für Frida wäre die dünne Bergluft wahrscheinlich tödlich, und für Luky brauchen wir einen Schlafwagen.«

»Und für dich ein Toitoi auf Rädern«, gab Luky schlagfertig zurück.

»Nur Inge ist noch einigermassen fit …«, redete Hans weiter und stand mit schmerzverzerrtem Gesicht von seinem Stuhl auf. »Entschuldigt, ich muss mal dringend«, presste er hervor und ging, so schnell er konnte, in Richtung Toilette.

»… wenn sie nüchtern ist«, beendete Frida nachdenklich den von Hans begonnenen Satz und bemerkte, dass Luky in der Zwischenzeit auf seinem Stuhl eingenickt war.

8

Inges Zimmer auf der Westseite des Hauses war im Verhältnis zu den anderen recht grosszügig. Auf dieser Seite des Gebäudes waren früher einmal die Zimmer der Herrschaften und nicht die der Bediensteten. Die lagen auf der Ostseite. Die Einrichtung war eine wilde Mischung aus Boudoir und Brockenhaus. Viel roter Samt und alte Möbel. Überall verstreut lagen Kleider herum. Aus einem alten Plattenspieler tönte ein Chanson, und auf einem Tisch brannten als einzige Lichtquelle Kerzen in einem grossen Leuchter. Inge sass an einem Theaterschminkspiegel, der von Glühbirnen eingerahmt war. Mit einem Wattebausch entfernte sie die Schminke aus ihrem Gesicht und summte das Lied leise mit. Sie war mit ihren Gedanken irgendwo, aber sicher nicht im Altersheim Abendrot, als es klopfte.

»Wer ist da?«, fragte sie.

Durch die geschlossene Tür war die Stimme der Kunz zu hören: »Ich bins, ich muss mit Ihnen reden.«

Inge verdrehte die Augen und sagte: »Das kann sicher bis morgen warten. Gute Nacht.«

Von draussen wurde die Türklinke hinuntergedrückt, aber Inge hatte vorsorglich abgeschlossen. Eilig versteckte sie eine Flasche Wodka unter ein paar Kleidungsstücken und drückte sich Zahnpasta direkt aus der Tube in den Mund. Jetzt klopfte es energischer.

»Machen Sie auf, die Türen sollen doch nicht abgeschlossen werden!«

Inge erinnerte sich, dass das zu Beginn des legendären Club Med dessen Motto war. Das musste wohl in den Sechzigerjahren gewesen sein. Damals hatte sie das ja noch interessant gefunden, in einem Hotel zu wohnen, in dem niemand die Zimmertür abschloss, ganz im Gegensatz zu hier. Aber damals waren die nächtlichen Besucher auch um einiges attraktiver gewesen als heute. Inge öffnete die Tür und liess die Kunz eintreten. Sofort fiel der Blick der Heimleiterin auf den Kerzenleuchter, sie stürmte darauf zu und pustete hektisch alle Kerzen aus.

»Das ist ja die Höhe: brennende Kerzen! Das geht gar nicht!«, rief sie empört.

Die beiden Frauen standen jetzt im Dunkeln. Daniela Kunz tastete sich zum Eingang zurück und schaltete die Deckenbeleuchtung ein. Inge stand da, in ihrem bodenlangen Morgenrock, ein Frotteetuch um den Kopf gewickelt, die Hände vor der Brust verschränkt.

»Und, was gibt es denn so Dringendes, das nicht bis morgen warten kann?«, fragte sie gelangweilt.

Die Kunz zeigte zur Mitte des Zimmers und sagte: »Frau von Hellbach, diese Hälfte des Zimmers müssen Sie bis Ende des Monats freiräumen.«

Inge konnte nicht glauben, was sie gerade gehört hatte.

»Und warum sollte ich so etwas Verrücktes tun?«

»Weil wir ein zweites Bett reinstellen werden. Frau Kramer, eine nette Frau, wird Ihre Zimmergenossin.«

»Kommt nicht infrage«, rief Inge beinahe panisch, »auf gar keinen Fall! Das wird nie passieren, nur über meine Leiche!«

Die Kunz lächelte süffisant und meinte: »Wir müssen alle unsere Opfer bringen. Oder wie würden Sie sagen? The show must

go on! Gute Nacht, Frau von Hellbach, und weg mit den Kerzen!«
Die Leiterin blieb in der Tür stehen und drehte sich nochmals um.
»Und wenn ich Sie noch einmal mit auch nur einem Tropfen
Alkohol hier im Haus erwische, liefere ich Sie in die Geschlossene
ein. Haben wir uns verstanden?«

Inge brachte keinen Ton hervor. Entsetzt liess sie sich auf ihr
Bett fallen. Das alles konnte nur ein fürchterlicher Albtraum sein.
Sie schaute aus dem Fenster zum Mond hoch und schickte ein
Stossgebet in Richtung Nachthimmel.

Alle Fenster des Altersheims waren dunkel, nur in einem brannte
noch Licht. Hans sass tippend an seiner Hermes Baby. Normalerweise flossen die Worte nur so aus ihm heraus, und oftmals kam
er mit Schreiben kaum nach. Aber das heute war etwas ganz anderes, hatte nichts mit seiner Fantasie zu tun, sondern sollte ein
real umsetzbarer Plan werden: wie sie gemeinsam mit Maria in
die Berge fahren könnten. Er las, was er getippt hatte, schüttelte
den Kopf, riss das Papier aus der Maschine, zerknüllte es frustriert
und warf es in Richtung Papierkorb. Dort lagen schon mehrere
frühere und ebenfalls gescheiterte Versionen seines Entwurfs.

Das würde eine lange Nacht werden.

9

Es war fünf nach acht, alle Bewohner des Altersheims warteten
schon geschlagene fünf Minuten auf die allmorgendliche Ansprache von Daniela Kunz im Speisesaal. Das war für die Heimleite-

rin – da waren sich alle einig – sicher der schönste Moment in ihrem Arbeitstag. Da konnte sie ihre ganze Macht demonstrieren und wie ein Feldweibel Kommandos geben. Alle sassen an ihrem Tisch, jeder auf seinem Platz. Nur zwei Stühle waren nicht besetzt, was die Kunz zum Warten zwang. Sie zeigte ihre Ungeduld, indem sie nervös mit den Fingern auf ihr Klemmbrett trommelte.

Da kamen Frida und Maria, die ihren einen Arm bei Frida eingehängt hatte, endlich gemeinsam den Flur hinunter. Frida zog mit der anderen Hand ihren Wagen mit dem Sauerstoff hinter sich her, die Zufuhr hatte sie vorsorglich auf volle Leistung gestellt.

Maria war das Zuspätkommen extrem peinlich, und sie flüsterte Frida zu: »Wissen es schon alle?«

Frida nickte. Sie erreichten den Speisesaal, und alle Köpfe drehten sich wie auf Kommando in ihre Richtung. Dann begann an den meisten Tischen ein Getuschel.

Daniela Kunz schaute genervt zu den beiden und blaffte: »Wir warten!«

Maria und Frida erreichten ihren Tisch und setzten sich. Inge, Hans und Luky waren sichtlich froh, Maria zu sehen, und lächelten ihr zu.

Die Kunz räusperte sich, bevor sie endlich mit ihrer Ansprache beginnen konnte.

»Nachdem wir jetzt doch noch vollzählig sind, kommen wir zum Tagesprogramm: Heute Nachmittag ist es wieder so weit. Der grosse Familienbesuchstag mit unserem selbst gemachten Weihnachtsgebäck und dem – alkoholfreien – Glühwein startet pünktlich um vierzehn Uhr. Wir sind sicher, dass auch dieses Jahr wieder ganz viel Besuch kommen wird.«

Frida schüttelte angewidert den Kopf und steckte sich den Zeigfinger in ihren offenen Mund, zum Zeichen, was sie von dem Geschwafel hielt.

»Doch leider«, fuhr die Heimleiterin fort, »gibt es heute Mittag kein Dessert, weil gestern Nacht wieder jemand hier im Haus geraucht hat.«

Alle Augen richteten sich auf Luky, und ein Murren ging durch den Saal. Auch Daniela Kunz schaute Luky an, und ihr Blick verriet, dass ab sofort Krieg zwischen ihnen herrschen würde. Luky schnappte sich mit der einen Hand wütend die Kaffeekanne und schenkte sich ein, während er die andere unter dem Tisch mit ausgestrecktem Mittelfinger der Heimleiterin entgegenstreckte. Dass sie sich in ihrem Alter solche Kollektivstrafen gefallen lassen mussten, ging nicht in seinen Kopf.

Ohne ein weiteres Wort darüber zu verlieren, wünschte die Kunz allen einen guten Appetit und einen schönen Nachmittag mit den Familien. Doch beim Hinausgehen konnte sie es nicht lassen, am Tisch elf vorbeizugehen und demonstrativ ihren Kopf zu schütteln. Die fünf Alten ignorierten den Hausdrachen einfach und wandten sich Maria zu.

»Schön, dich zu sehen, wie geht es dir?«, fragte Inge und schaute sie besorgt an.

»Ja ... es geht schon ... danke«, antwortete Maria mit leiser Stimme.

Hans legte seine Hand auf ihren Arm.

»Können wir etwas für dich tun? Irgendetwas? Hast du denn Schmerzen?«

»Nein, nicht gross, danke. Doktor Steiner hat mir alles gegeben, was ich brauche.«

Luky strich Butter auf sein Brötchen.

»Willst du nicht eine zweite Meinung einholen?«, fragte er Maria.

»Wenns zu Ende geht, brauchst du keine Zweitmeinung mehr«, antwortete sie.

Bis zum Schluss des Frühstücks wurde an ihrem Tisch nicht mehr viel gesprochen. Niemand fand die richtigen Worte, und jeder musste mit der neuen Situation erst selber fertigwerden.

Nach dem deprimierenden Frühstück begleitete Frida Maria wieder zurück auf ihr Zimmer. Das Frühstück hatte Maria müde gemacht, und sie wollte möglichst schnell wieder allein sein.

Inge ging währenddessen schnurstracks ins Büro der Heimleitung. Nachdem sie die ganze Nacht kein Auge zugetan hatte, wollte sie nochmals versuchen, Daniela Kunz die Idee auszureden, jemanden in ihrem Zimmer einzuquartieren. Doch die Kunz gab ihr unmissverständlich zu verstehen, dass der Entscheid gefällt sei und sie gefälligst mit dem Umräumen ihres Zimmers beginnen solle – sonst würde sie Herrn Huber, den Hauswart und Busfahrer des Heims, damit beauftragen.

Hans und Luky hatten sich, um nach Möglichkeiten zu suchen, wie Marias letzter Wunsch zu erfüllen war, im »Lese- und Medienraum« verabredet. Die Kunz nannte die dunkle Ecke hinter dem Speisesaal, in der ein paar ausgelesene Taschenbücher herumlagen, gern so. Den Zusatz »Medienraum« hatte sich das fensterlose Zimmer mit einem alten IBM-Computer verdient, der in jedem Museum einen Ehrenplatz bekommen hätte. Und doch erfreute sich dieser Raum bei den Alten grosser Beliebtheit.

Jetzt sassen Hans und Luky an dem alten Rechner und waren in ihre Recherche vertieft. Auf dem Bildschirm waren verschiedene Chalets zu sehen, die für die Weihnachtstage zu mieten waren. Doch die Preise waren absolut ausserirdisch. Hans machte sich Notizen in sein kleines, schwarzes Notizbuch, und Luky scrollte weiter durch die Seiten. Im letzten Moment bemerkte er, wie die Kunz um die Ecke kam, und schwenkte sofort den Bildschirm aus ihrem Blickfeld – das Biest hatte einen Instinkt wie ein Dobermann.

»Kein Schweinekram, sonst fliegt die Kiste raus!«, sagte Daniela Kunz und blieb stehen. Lukys Reaktion war ihr natürlich nicht verborgen geblieben.

Hans tippte nervös auf der Tastatur herum, doch Luky, der den Fehdehandschuh längst aufgenommen hatte, zeigte mit einem schmutzigen Lächeln auf den Bildschirm und meinte mit anerkennendem Blick: »Ja, da hats wirklich mächtig viel Holz vor der Hütte. Mein lieber Herr Gesangsverein.«

Die Kunz liess sich nicht provozieren und erwiderte kühl: »Ich lasse Sie keine Sekunde aus den Augen, Herr Landolt, ich habe Sie gewarnt. In einer Stunde beginnt der Besuchstag, dann erwarte ich Sie beide im Speisesaal. Keine Widerrede.«

Sie machte auf dem Absatz kehrt und rauschte davon.

Während die beiden Männer weiter nach einer Lösung suchten, wie sie mit ihren bescheidenen finanziellen Mitteln helfen konnten, Marias Wunsch zu erfüllen, begann sich der Parkplatz vor dem Altersheim langsam mit den Autos der Gäste zu füllen. Das ganze Jahr hindurch waren nie so viele Besucher da wie zum Adventsapéro, und selbst Seniorinnen und Senioren, die sonst das ganze Jahr kaum Besuch hatten, wurden an diesem Tag von Verwandten und Freunden nicht vergessen. Das schlechte Gewissen schien sich um die Weihnachtszeit etwas lauter zu melden als sonst. Man konnte ohne Übertreibung sagen: Wer an diesem Tag keinen Besuch bekam, der war wirklich allein.

Genauso wie Maria, Inge, Frida, Luky und Hans, die nun gemeinsam an ihrem Tisch im nicht sehr liebevoll dekorierten Speisesaal das Treiben beobachteten. Kinder rannten kreuz und quer umher. Geschenke wurden ausgepackt. Es wurde gegessen und getrunken, gelacht und geredet. Auf jedem Tisch standen Pappteller mit Weihnachtsgebäck und Becher mit alkoholfreiem Glühwein. Daniela Kunz ging mit aufgesetztem Lächeln durch den

Saal, sagte überall Hallo und wechselte hie und da ein paar übertrieben freundliche Worte mit den Gästen. Und kam nun immer näher zu Tisch elf.

Maria stand auf.

»Ich gehe jetzt lieber in mein Zimmer.«

Allein ging sie an den anderen Tischen vorbei. Ihre Freunde sahen ihr selbst von hinten an, wie traurig es sie machte, all die glücklichen Familien zu sehen. Inge kippte jedem etwas Hochprozentiges aus ihrem Flachmann in den alkoholfreien Glühwein und nahm dann einen Schluck aus ihrem Becher. Frida rammte Hans, so nett sie das konnte, den Ellbogen in die Seite.

»Und?«, fragte sie.

Hans rutschte etwas verlegen auf dem Stuhl hin und her, bevor er antwortete: »Ich hoffe, du hast ihr keine falschen Hoffnungen gemacht…«

Luky hob seine Hand und sagte: »Ja, ich hab es mir nochmals überlegt, ich bleibe besser hier. Ich bin euch doch mit meiner Krankheit nur ein Klotz am Bein … und der Arzt meinte…«

Frida schlug mit der Faust so heftig auf den Tisch, dass der Glühwein vor ihr überschwappte.

»Hört auf!«, sagte sie etwas zu laut.

Von den Familientischen wanderten einige verwunderte Blicke in ihre Richtung.

Hans spielte verlegen mit einem Zimtstern, der vor ihm lag.

»Ohne regelmässige Physio für meine Hüfte komme ich am Morgen kaum aus dem Bett. Ganz zu schweigen von meiner Prostata. Es wäre schön gewesen, nochmals hier rauszukommen und in die Berge zu fahren, aber …«

Frida schaute jetzt wütend Inge an.

»Und du? Getraust dich nicht zu weit weg von deinem Alkoholversteck?«

»Nein. Aber die Kunz will mir doch tatsächlich jemanden ins Zimmer legen. Ich kann das nicht zulassen, ich würde durchdrehen, verstehst du? Ich kann jetzt nicht weg.«

Frida begann zu keuchen, ihr Kopf wurde gefährlich rot. Schnell drehte sie den Sauerstoffhahn voll auf, trotzdem folgte ein schlimmer Hustenanfall.

»Dazu kommt«, meinte Hans und legte sein Notizbüchlein auf den Tisch, »Luky und ich haben ein Budget gemacht.«

Frida warf einen kurzen Blick auf die Zahlen.

»Über fünftausend? Spinnst du?! Wir wollen das Chalet mieten, nicht kaufen!«

Luky kam Hans zu Hilfe: »Es ist Weihnachten, da kostet jede Absteige in den Bergen ein Vermögen. Die nehmen keine Rücksicht auf Senioren mit Ergänzungsleistungen und vierhundertzwanzig Franken Taschengeld.«

Luky schloss sein Statement mit einem Biss in einen Spitzbuben. Doch seinem Gesichtsausdruck nach war das keine gute Idee. Er legte den Rest auf den Tisch und spülte das Gebäck mit noch widerlicherem Glühwein hinunter.

Hans bemerkte, dass Frida nun kurz vor einem ihrer gefürchteten Wutanfälle stand, und sagte: »Also, ich habe knapp siebenhundert Franken, was könnt ihr dazugeben?«

Die anderen Köpfe senkten sich, niemand sagte etwas.

Da kam eine der Pflegerinnen an ihren Tisch gerannt und raunte Frida aufgeregt zu: »Frau Pizetta, kommen Sie schnell, Frau Gerber gehts ganz schlecht!«

Frida stand auf, klappte das Notizbuch, das noch immer vor ihr lag, zu und warf es Hans in den Schoss.

»Geld hin oder her, wir brauchen einen Plan, und zwar verdammt schnell. Heute Abend um zehn im Waschhaus!«

Dann ging sie, so schnell sie konnte, den Sauerstoffwagen wie einen Golftrolley hinter sich herziehend, der Pflegerin hinterher. Hans, Luky und Inge schauten sich betreten an, und Inge leerte den Rest ihres Flachmanns in einem Zug.

Sie schämte sich. Was war nur aus ihr geworden? Früher hatte sie doch vor nichts und niemandem Angst gehabt, nahm jede Herausforderung, die ihr das Leben bot, mit einem siegesgewissen Lächeln an. Natürlich gabs auch einige Niederlagen, aber die machten sie nur stärker. Spontan kam ihr die Melodie von »You Haven't Seen the Last of Me« in den Sinn, einem Song von Cher, der das Wiederaufstehen nach Niederlagen zum Thema hat. Ein Lied, das Inge sehr mochte und das sie oft sang, wenn es ihr nicht gut ging. Sie spürte, dass auch Hans und Luky ähnliche Gedanken plagten.

»Gibt es so was wie Altersfeigheit?«, fragte sie in die Runde.

»Je älter du bist«, sagte Hans mit leicht belegter Stimme, »desto weniger Zeit bleibt dir, einen gemachten Fehler wieder zu korrigieren, und darum riskiert man im Alter wahrscheinlich einfach weniger.«

Luky nickte. »Was mich so ärgert an mir ist die Tatsache, dass wir alle hier eigentlich nichts zu verlieren haben. Das soziale Netz ist doch längst zu unserer Hängematte geworden, aus der wir uns kaum mehr zu erheben wagen.«

Frida erreichte keuchend Marias Zimmer. Ohne zu klopfen, öffnete sie leise die Tür und ging hinein. Maria war weiss wie ein Leintuch. Sie lag angezogen auf ihrem Bett, ihr Atem ging ruhig, aber sehr flach. Langsam öffnete sie die Augen. Ihr Blick traf denjenigen von Frida, die sich auf die Bettkante setzte und besorgt nach Marias Hand griff.

»Darf ich …«, begann Maria leise zu sprechen, schluckte trocken und begann erneut, »… darf ich ein wenig Tee haben?«

Frida nickte und war froh, etwas für ihre Freundin tun zu können. Sie reichte ihr die Tasse, die die Pflegerin auf den kleinen Nachttisch gestellt hatte. Maria setzte sich langsam auf, und Frida schob ihr ein Kissen hinter den Rücken. Mit kleinen Schlucken trank Maria den dampfenden Kamillentee.

»Gehts etwas besser?«, wollte Frida wissen.

»Ja. Es war sicher alles etwas viel.«

»Das kann ich mir vorstellen«, sagte Frida, nahm die halbleere Tasse und stellte sie auf das Nachttischchen zurück.

Maria nestelte umständlich an ihrem Nacken herum.

»Kann ich helfen?«, fragte Frida.

»Ja, bitte. Kannst du den Verschluss meines Kettchens öffnen?«

»Sicher, zeig her.«

Damit der Verschluss näher bei ihr zu liegen kam, zupfte Frida an der feinen Goldkette, die Maria stets um ihren Hals trug, und fummelte an dem feinen Schloss herum. Nachdem sie es geöffnet hatte, reichte sie das Kettchen, an dem ein kleines goldenes Herz baumelte, Maria.

Doch ihre Freundin schüttelte den Kopf und sagte bestimmt: »Ich möchte, dass du die Kette behältst. Sie ist das einzig Wertvolle, das ich besitze.«

Frida spürte einen Kloss im Hals, der sie kaum reden liess.

»Nein, das kann ich nicht annehmen, Maria, das ist …«

»Bitte nimm sie«, fiel ihr Maria ins Wort. »Wem soll ich sie sonst schenken?«

Frida war gerührt und gleichzeitig auch unendlich traurig. Wortlos umarmte sie Maria, die zum Kleiderschrank zeigte.

»Nimm dir, was du möchtest, und frag auch noch die anderen. Den Rest soll die Brockenstube abholen.«

»Aber das hat doch alles Zeit«, entgegnete Frida, sichtlich überfordert mit der Situation.

»Nein«, sagte Maria, »ich will alles erledigt haben, bevor ich gehe, das macht es mir etwas leichter ... hoffe ich.«

Frida zeigte auf das Fotoalbum, das auf dem kleinen Tisch lag.

»Und was ist mit Steffi?«

Maria schnäuzte sich die Nase.

»Für Steffi bin ich doch schon lange gestorben.«

10

Das ehemalige Waschhaus stand ein paar Meter hinter dem alten Herrenhaus und war noch verlotterter als das Altersheim. Früher, zu den guten, alten Zeiten, besorgten hier die Hausangestellten die Wäsche für die Herrschaften, doch seit Jahren diente das Häuschen nur noch als Rumpelkammer. Für die kleine Gruppe von Tisch elf war es jedoch der perfekte Zufluchtsort. Hier konnten sie sich absolut ungestört treffen, was sie auch mindestens einmal pro Woche taten.

Kurz vor zehn schlichen in kurzen Abständen vier Gestalten hinters Altersheim und verschwanden im Waschhäuschen. Hans, Luky, Frida und Inge setzten sich um den alten Waschtrog, auf den sie ein grosses Brett als Tischplatte gelegt hatten. Inge und Luky hoben es an, Hans griff in den Zuber und zog eine Flasche billigen Rotwein und ineinandergestapelte Plastikbecher aus dem Versteck hervor.

»Wir haben nur noch zwei Flaschen. Wenn im Dorfladen mal wieder Aktion ist, müssen wir das Lager füllen«, meinte Hans, während er den Drehverschluss öffnete und die Becher füllte.

Den ersten stellte er vor Frida hin und fragte: »Und, wie geht es Maria?«

»Wie solls ihr gehen …? Sie hat wenigstens meistens keine Schmerzen – aber das Sterben wird im Alter nicht einfacher, nur wahrscheinlicher.«

Nickend hoben die vier Alten ihre Becher und tranken einen grossen Schluck auf Maria. Das erbärmliche Ausbleiben eines Geräuschs beim Anstossen mit Plastikbechern störte sie längst nicht mehr.

»Aber …«, fuhr Frida fort, zog den Sauerstoffschlauch aus ihrer Nase und nahm sich, ohne zu fragen, eine Zigarette aus Lukys Schachtel, zündete sie an, zog den Rauch tief in ihre angeschlagenen Lungen, blies den Rauch trotz einem Hustenanfall genüsslich zu den alten Wäscheleinen hoch und begann von neuem: »Aber … wir können es Maria wenigstens etwas einfacher machen und mindestens versuchen, ihr den letzten Wunsch zu erfüllen.« Auffordernd schaute sie in die Runde. »Und wo stehen wir?«

Niemand sagte etwas. Jeder nahm verlegen einen weiteren Schluck aus seinem Becher und schaute auf die improvisierte Tischplatte hinunter.

Als Erste fand Inge den Mut zum Reden: »In aller Freundschaft, aber …«

Doch Frida fiel ihr ins Wort: »Hast nicht du gesagt, dass letzte Wünsche heilig seien?« Dann schaute sie zu Luky, der einen imaginären Fleck auf seiner Jacke wegzuwischen versuchte. »Und du, Luky«, redete sich Frida in Rage, »du jammerst doch, dass deine Narkolepsie immer schlimmer werde, weil es sich hier anfühle, wie lebendig begraben zu sein.« Fridas Blick erreichte Hans.

Doch bevor sie über ihn herziehen konnte, schaute Hans sie wütend an und rief: »Frida, hör auf! Das Ganze ist doch definitiv eine Nummer zu gross für uns. Wir können nicht einfach …«

»…und warum nicht?«, wollte Frida wissen, stand wütend auf, leerte ihren Becher in einem Zug, zerdrückte ihn und warf ihn in eine staubige Ecke hinter ein rostiges Fahrrad. An der Wand dahinter stand auf halber Höhe in schon etwas verblichener Farbe: »Sonnenuntergäng«. Frida zeigte auf den Schriftzug.

»Wisst ihr noch, als wir das hingemalt haben? Vergesst es, wir sind keine Bande, keine Gang mehr! *Ich* lasse meine beste Freundin nicht im Stich! Und jetzt macht, was ihr wollt! Miese, alte Feiglinge!«

Den Sauerstoffwagen hinter sich herzerrend, die Kippe im Mundwinkel, ging sie hinaus und knallte die Tür hinter sich zu.

11

Im Speisesaal roch es, wie es jeden Morgen roch. Der Duft von abgestandenem Filterkaffee, der schon seit Stunden in Glaskrügen auf Heizplatten vor sich hin köchelte, hing in der Luft. An allen Tischen wurde Butter und Marmelade auf labbriges Brot gestrichen, und einige der Alten tunkten das so bestrichene Brot sodann in den Milchkaffee. Wahrscheinlich ein Ritual aus einer Zeit, als das Brot noch härter war und sich die zweiten Zähne zu verabschieden begannen.

Am Tisch mit der Nummer elf wurde an diesem Morgen nichts geredet. Oder noch präziser, es herrschte eine sehr angespannte Stimmung. Frida hatte den Hahn ihrer Sauerstoffflasche voll aufgedreht und war kampfbereit, doch alle anderen bevorzugten es, ihren Blicken auszuweichen. Maria war sich sicher, dass die gedrückte Stimmung mit ihrer Diagnose zu tun hatte, und war froh, als Herr Huber – Hauswart, Fahrer und Mädchen für alles im »Abendrot« – an ihren Tisch trat.

»Frau Gerber, wir müssen«, meinte er und nickte den anderen zur Begrüssung zu.

Maria wischte sich den Mund mit der Papierserviette ab und stand auf.

»Wohin gehst du?«, wollte Frida wissen, ein wenig beleidigt, dass ihre Freundin sie nicht informiert hatte.

»Herr Huber fährt mich zum Arzt. Irgendwelche Spritzen.«

»Soll ich mitkommen?«, fragte Frida, aber Maria winkte ab.

»Bin ja bald zurück.«

Sie hängte sich bei Huber ein, und das ungleiche Paar ging zum Ausgang des Speisesaals.

Frida schaute zu Hans hinüber, der sein Brot pedantisch genau bestrich, als sei es ein Gemälde. Als Maria ausser Hörweite war, brach sie das Schweigen.

»Und, wollen wir ihr jetzt helfen oder nicht?«

Hans, der immer noch stocksauer auf Frida war, sagte, ohne von seinem kleinen Kunstwerk aufzuschauen: »Warum sollten wir, wir sind ja miese, alte Feiglinge.«

Dann biss er langsam und übertrieben genüsslich in sein Brot.

Frida merkte, dass sie etwas zurückrudern musste, und wählte einen beschwichtigenden Ton: »Ach, kommt schon. Ich bin eine senile alte Kratzbürste und …«

Inge unterbrach Fridas Selbstkasteiung: »Es ist ja nicht, dass wir nicht wollten …«

»… aber schau uns doch an«, ergänzte Luky, »wir gehören zwar zu den Rüstigsten hier, aber auch nur an einem guten Tag.«

Frida nickte und war froh, dass ihre Freunde so nachsichtig mit ihr waren. Sie schaute Hans an, und ein kleines Lächeln huschte über ihr Gesicht, was ihm nicht verborgen blieb, ihn aber eher an die biblische Schlange denken liess als an ein Friedensangebot.

»Schon, aber jetzt mal rein theoretisch«, begann Frida wieder, immer noch mit einem Lächeln, »Hans, du mit deiner Fantasie, was denkst du denn?«

Hans wischte mit dem kleinen Finger, an dem er den goldenen Siegelring trug, sorgsam die Brotkrumen vom Tisch.

»Gebt mir noch bis heute Abend Zeit. Wir treffen uns um acht im ›Rössli‹ in der Kegelbahn. Luky, könntest du im Büro Bescheid sagen?«

»Klar, ich lasse meinen Charme spielen.«

Luky, der als Einziger nichts gegessen hatte, stand auf, zog eine Schachtel Zigaretten aus seiner Jacke und meinte, dass es jetzt Zeit für sein richtiges Frühstück sei. Er füllte seine Tasse nochmals mit schwarzem Kaffee und ging zum Ausgang.

Der Nebel schien sich in den Bäumen festgekrallt zu haben und tauchte das ganze Zürcher Oberland in ein graues, fahles Licht. Das lag wohl daran, dass der Zürichsee so nahe war, dachte Luky, als er die Nebelschwaden beobachtete. Es machte ihm zu schaffen, dass der graue Deckel oft tagelang nicht verschwand. Er zündete sich eine Zigarette an und nahm einen Schluck des heiss dampfenden, aber scheusslichen Kaffees. Er machte ein paar Schritte ums Haus herum und sah dort Paul, der in seinem Rollstuhl sass und in Richtung Bachtel schaute, der nur undeutlich im Nebel zu erkennen war. An klaren Tagen mit etwas Föhn konnte man von hier aus sogar den Bachtelturm sehen, Ziel vieler Schulreisen und Ausflügler. Luky ging zu Paul, zog seine Schachtel Zigaretten aus der Jacke und streckte sie ihm hin.

»Willst du auch eine?«

Paul reagierte nicht, und Luky klopfte ihm auf die Schulter.

»Hey, auch eine?«

Paul kippte in seinem Rollstuhl nach vorn. Sein Gesicht war ganz weiss und trotz dem kalten Wetter von Schweiss bedeckt.

»Scheisse, Paul, was ist los?« Luky kniete sich neben ihn und versuchte, ihm in die Augen zu schauen. »Ich hole den Arzt!«

Paul schüttelte ganz leicht den Kopf, hob seinen Blick und sagte so leise, dass ihn Luky beinahe nicht verstand: »Danke ... danke, Luky. Du ... warst immer mein bester ... Bobfahrer ...«

Die beiden Männer schauten sich in die Augen, ohne ein weiteres Wort zu wechseln. Luky kämpfte mit den Tränen, und dann sah er, wie die Augen von Paul ganz kurz zu leuchten begannen, bevor sie sich für immer schlossen.

Es war genau dieses Leuchten, das Luky jeweils in Pauls Augen gesehen hatte, wenn sie gemeinsam mit dem »Bob« über die Ziellinie gerast waren und die Goldmedaille gewonnen hatten. Luky setzte den leblosen Paul aufrecht in den Rollstuhl, schob ihm die rot-hellblau-weisse Kappe aus der Stirn und wischte ihm den Schweiss und etwas Speichel aus dem Gesicht.

»Ja«, sagte Luky traurig und entschlossen zugleich, »wir sind doch alles miese, alte Feiglinge.«

12

Hans betrat kurz vor zwanzig Uhr die Kegelbahn des »Rössli«, das nur wenige Gehminuten vom Altersheim entfernt lag. Die Neonröhren über den beiden Spielbahnen flackerten eine ganze Weile, bis sie brannten. Es roch nach abgestandener Luft und kaltem

Rauch. Heute, wo alle in sterile Bowlingcenter rannten, ging kaum noch einer zum Kegeln. Hinten in einer Ecke stand ein langer Tisch, auf dem zwei Plastikkörbchen mit den obligaten Salz- und Paprikachips, zwei gefüllten »Biberli« und Schokoladewaffeln standen. Dazwischen ein grosser Aschenbecher mit der Aufschrift »Alle Neune«. Über dem Tisch hing an schmiedeeisernen Ketten ein altes Wagenrad. An jeder Radspeiche war eine Glühbirne befestigt. Es sah sehr nach einem Eigenbau des »Rössli«-Wirtes aus. An der Wand neben dem Tisch hing eine grosse Schiefertafel, an der mit Kreide die Kegelpunkte notiert wurden.

»Fast wie in der Schule«, dachte Hans, als er seine Unterlagen auf den grossen Tisch legte. Er war froh, dass er allein war, denn er brauchte noch ein paar Minuten, um alles vorzubereiten. Auf die eine Seite der grossen Tafel hängte er eine mit »Dorfplatz Küsnacht« betitelte Skizze, auf der ein Haus herausstach, da es mit einem roten Kreuz markiert war. Auf dem Tisch lagen seine fein säuberlich mit der Maschine getippten Notizen. Hans war sichtlich in seinem Element und begann, leise ein Lied zu summen, was er schon lange nicht mehr getan hatte.

Die Tür zur Kegelbahn öffnete sich, Luky, Frida und Inge kamen herein, begrüssten ihn und setzten sich an den grossen Tisch. Hans drückte auf einen mit »Service« beschrifteten Klingelknopf neben der Tafel, und kurz darauf kam die Bedienung herein und brachte eine Flasche billigen Weisswein, die Hans schon bei seiner Ankunft bestellt und bezahlt hatte. Inge betrachtete den Plan an der Wand und die Papiere auf dem Tisch und nickte anerkennend.

»Ich sehe, der ehemalige Dozent ist in seinem Element.«

Frida nahm einen Schluck Wein und erzählte, dass Maria nach dem Arztbesuch sehr müde war und auf ihr Zimmer wollte. Sie würde sie also nicht vermissen. Hans stand auf, räusperte sich und begann zu reden.

Zur selben Zeit sass Claudia Vogel, die Assistentin von Daniela Kunz, an ihrem Computer im Verwaltungsbüro des Altersheims. Sie wollte trotz vorgerückter Stunde noch die Rechnungen fertig machen, als Daniela Kunz hereinkam und ihr Klemmbrett theatralisch auf den Schreibtisch fallen liess.

»Alle sind auf ihren Zimmern … ausser Tisch elf! Nur Maria Gerber ist da. Wo zum Teufel sind die anderen schon wieder?«

Die Assistentin stand auf, ging zur Wand mit dem grossen Anschlagbrett und nahm einen der dort hängenden Zettel ab.

»Sie haben sich ordnungsgemäss abgemeldet bis um zehn. Sind im ›Rössli‹ drüben.« Sie reichte der Kunz das Formular und ergänzte: »Bewilligt und mit deiner Unterschrift versehen.«

Daniela Kunz riss Claudia Vogel den Zettel aus der Hand und starrte kopfschüttelnd auf »ihre« Unterschrift.

»Immer dieser Luky Landolt! Jetzt reichts!« Sie zerknüllte das Formular und warf es wütend in den Papierkorb. »Geh sie holen! Sofort«, schnauzte sie ihre Assistentin an.

»Also nochmals«, sagte Hans, »und zwar rein theoretisch.«

Alle nickten und hörten gespannt zu.

»Gehen wir mal davon aus, dass wir es irgendwie schaffen, mit Maria hier rauszukommen. Das Problem bleibt, dass uns für weisse Weihnachten in einem Chalet in den Bergen schlicht das Geld fehlt.«

Luky murmelte eine leise Zustimmung, schenkte Wein nach, nahm die beiden Chipstüten, riss sie auf und legte sie so hin, dass sich alle bedienen konnten.

Hans nahm ein paar Paprikachips und redete weiter: »Nach langem Hin und Her und vielen verworfenen Ideen bin ich zum Schluss gekommen, dass es nur eine Möglichkeit gibt – den Bijoutier Peter Klein in Küsnacht.«

Hans ging zu der Skizze an der Tafel und zeigte mit dem Finger auf das Haus mit dem roten Kreuz.

Inge versuchte Hans' Ausführungen zu folgen.

»Und was ist mit ihm? Gibt er uns ein Darlehen?«, wollte sie wissen.

Hans schüttelte den Kopf, schaute in die Runde, wartete in alter Lehrermanier, bis er von allen die Aufmerksamkeit hatte, und sagte dann ganz ohne Pathos: »Nein … wir überfallen ihn.«

Claudia Vogel betrat noch immer wütend über ihre Chefin das »Rössli«, schaute sich kurz um und ging dann zum Buffet.

»Wo sind sie?«, fragte sie Nora, die Bedienung, die gerade ein frisches Bier zapfte.

Nora zeigte mit dem Kopf zu einer Tür, die mit »Kegelbahn« an-geschrieben war, und meinte dann zu Daniela Kunz' Assistentin: »Du siehst aus, als könntest du auch einen Schluck brauchen.«

Claudia Vogel, die schon auf halbem Weg zur Kegelbahn war, stoppte, drehte sich um und nickte.

»Und ob, du hast recht. Ich brauch etwas Heisses, Starkes.«

»Kaffee Lutz?«, schlug Nora vor.

»Doppel-Lutz.«

»So schlimm?«

»Schlimmer«, nickte Claudia Vogel und liess sich auf einen Stuhl fallen.

Alle schauten Hans noch immer mit grossen Augen ungläubig an. Doch dann begann Luky lauthals zu lachen.

»Ich wusste gar nicht, dass du so viel Humor hast«, sagte er, als er zwischen zwei Lachern Luft holen musste.

Auch die anderen stimmten in das Gelächter ein, sichtlich froh, dass es sich nur um einen Scherz handelte.

Frida klopfte Hans auf die Schulter und meinte: »Ein Spitzenplan, wirklich! Jetzt ist mir auch klar, warum deine Krimis so erfolgreich sind.«

Und Inge ergänzte nach einem Schluck Wein: »Du überraschst mich auch, ich dachte eigentlich an einen ausgeklügelten und scharfsinnigen Plan.«

Hans, dessen Kopf vor Wut immer röter wurde, schlug mit der Faust auf den Tisch und rief entnervt: »Ich bin kein Trottel!«

Das Gelächter verstummte. Jetzt wussten die Alten erst recht nicht mehr, was Sache war.

Frida bekam einen ihrer nicht enden wollenden Hustenanfälle und schüttelte, kaum konnte sie wieder atmen, energisch den Kopf.

»Wie auch immer du das gemeint hast – Maria wird da nie, nie mitmachen. Das kannst du gleich vergessen.«

Luky und Inge stimmten ihr zu.

Hans klopfte aus alter Gewohnheit mit seinem Ring auf den Tisch und sagte mit bestimmtem Ton: »Ruhe jetzt!«

Claudia Vogel nahm den letzten Schluck ihres doppelten Kaffee Lutz aus dem typischen Kaffeeglas. Die wohlige Wärme, die sich in ihrem Körper verteilte, tat ihr gut. Dann kramte sie sieben Franken aus der Tasche und legte das Geld auf den Tisch. Langsam erhob sie sich und merkte erst jetzt, dass der Schnaps sie nicht nur wärmte, sondern auch ihre Knie etwas weich gemacht hatte. Nora beobachtete schmunzelnd, wie sie ein wenig unsicher zur Tür mit der Aufschrift »Kegelbahn« stakste, und als sie die Tür öffnete, drückte Nora auf einen Knopf, der unter dem Tresen versteckt angebracht und über eine Leitung mit einer Klingel in der Kegelbahn verbunden war. Als es läutete, schauten die Alten erschrocken auf die Eingangstür.

»Verdammt, es kommt jemand!«, sagte Luky.

Hektisch begann die »Sonnenuntergäng«, die Unterlagen auf dem Tisch wegzuräumen.

Claudia Vogel, die vorsichtig die steile Treppe hinunterbalanciert war, öffnete die Tür zur Kegelbahn. An dem grossen Tisch sassen Hans, Frida und Inge und sahen gespannt zu Luky, der mit einer der schweren Kugeln in der Hand auf der Bahn stand und konzentriert die neun Kegel fixierte.

»Noch ein ›Säuli‹, und wir haben gewonnen«, sagte er mit einem Blick auf die grosse Schiefertafel an der Wand, die in Windeseile geputzt worden war. Anstelle des Situationsplans standen die Namen der Alten auf der Tafel und darunter die »gespielten« Punkte. Auf dem Tisch war nichts mehr zu sehen ausser den kleinen Weissweingläsern und den beiden offenen Chipstüten.

»Das schaffst du nie«, bluffte Hans.

»Hau die verdammten Kegel um!«, rief Frida.

Inge schaute mit grossem Schrecken zum Eingang, aber nicht, weil da Claudia Vogel stand, sondern weil sie in der Hektik vergessen hatten, die an der Tür befestigte Ortskarte von Küsnacht abzuhängen.

»Ja, wen dürfen wir denn da in unserem Kreis willkommen heissen?«, versuchte sie die aufsteigende Panik zu überspielen.

»Die Chefin ist stinksauer«, sagte Daniela Kunz' Assistentin.

»Ruhe!«, schnauzte Luky, »das ist quasi der Matchball, und wir spielen immer um tausend Franken.«

»Was?!«, rief Claudia Vogel mit grossen Augen.

Alle lachten.

»Zehn Franken«, korrigierte Frida.

Inge versuchte, sich möglichst unverdächtig vor die Ortskarte zu stellen.

Claudia Vogel setzte eine ernste Miene auf und sagte streng: »Machen Sie keinen Blödsinn, und kommen Sie jetzt mit! Sonst lässt Sie die Frau Kunz bestimmt bis Ende Jahr nicht mehr aus dem Haus.«

Die Alten tauschten panische Blicke aus.

Hans, der noch immer voll in seinem Element war, fand die Fassung als Erster wieder und erwiderte schlagfertig: »Wir haben aber für Sonntag Karten für das Adventskonzert im Grossmünster in Zürich. Mein Neffe, der Tobi, spielt Posaune, da müssen wir hin!«

Obwohl die anderen keine Ahnung hatten, wovon Hans sprach, nickten sie zustimmend.

»Dann würde ich empfehlen, Sie kommen jetzt sofort mit mir mit, und Sie, Herr Landolt, entschuldigen sich bei Frau Kunz.«

Luky spielte die Kugel, und ohne zu schauen, wie ihm sein Wurf gelang, ging er auf Claudia Vogel zu. Im Hintergrund rumpelte es, und dann schrillte die Glocke als Zeichen, dass es alle Neune waren. Mit breitem Grinsen blieb er vor der Assistentin stehen.

»Klar doch, Schätzchen.«

»Aber ohne billige Anmachsprüche, da steht sie nämlich überhaupt nicht drauf!«

Luky nickte nachdenklich.

»Soll ich sie dann gleich küssen?«

Claudia Vogel verzog keine Miene und rief: »Abmarsch!«

13

Über Nacht hatte es ein paar Zentimeter geschneit. Endlich. Der erste Schnee im Winter war doch immer etwas Spezielles, dachte Maria, als sie zum Büro des Altersheims ging. Dort wartete schon Herr Huber, der sie wieder zum Arzt fahren sollte. Es waren weitere Spritzen fällig, die dafür sorgen sollten, dass ihre Schmerzen erträglich blieben.

Huber schob Maria einen Rollator zu und meinte freundlich: »Nehmen Sie den, Frau Gerber, es ist rutschig draussen. Und warten Sie beim Ausgang. Ich hole das Auto.«

Er zog sich eine Wollmütze über den Kopf und ging voraus. Maria, noch etwas überfordert mit dem Rollator, folgte ihm langsam. Als sie den Ausgang erreichte, sah sie Luky, der im leichten Schneetreiben Schnee schippte.

»Guten Morgen, Maria«, sagte er, »schöner neuer Wagen.«

Maria lächelte.

»Ja, ich muss ihn nur noch etwas einfahren.«

Luky kam mit der Schaufel auf Maria zu.

»Warte, ich mach dir gleich die Piste frei.«

»Strafe von der Chefin?«

Luky nickte und meinte: »Ja, mein Charme hat diesmal nichts genützt – vielleicht werde ich doch langsam alt.«

»Oder die Kunz steht einfach nicht auf kräftige, braun gebrannte Männer im besten Alter.«

Luky lachte und warf eine Schaufel Schnee auf einen kleinen Haufen.

»Genau, das muss es sein«, sagte er erleichtert, »die steht auf Frauen! Und ich habe mir schon Sorgen gemacht.«

Huber steuerte den alten Heimbus vor die Tür, und Luky half Maria beim Einsteigen.

Dann wandte er sich an Huber: »Passen Sie auf mit der wertvollen Fracht, das ist eine wirklich weise Frau.«

Huber nickte und fuhr los. Luky wartete, bis der Wagen nicht mehr zu sehen war, steckte die Schaufel in den Schnee und eilte zurück ins Haus. Im Zimmer von Hans waren alle anderen von Tisch elf versammelt.

»Sie ist weg, wir können beginnen«, sagte Luky, während er seinen dicken Mantel auszog und über den Stuhl schmiss.

Hans schaute ihn scharf an, ohne ein Wort zu sagen. Luky verdrehte die Augen, nahm seinen Mantel und hängte ihn neben denjenigen von Hans an den Haken hinter der Tür.

»Ich hoffe, du hast es dir nochmals überlegt«, sagte Inge.

Hans verteilte jedem ein dicht beschriebenes Blatt Papier und hängte den Situationsplan vom letzten Abend an die Wand. Er drehte sich zu seinen Freunden um.

»Ihr habt mich beauftragt, einen Plan zu machen. Das habe ich getan.«

Frida zog den Sauerstoffschlauch aus ihrer Nase, rieb sich die Hände und sagte: »Besser ein schlechter als gar kein Plan.«

Hans wollte etwas erwidern, aber Frida liess ihn nicht zu Wort kommen.

»Und wann soll es losgehen?«

Hans zeigte auf die ausgeteilten Unterlagen.

»Sonntag um genau vierzehn Uhr zehn verlassen wir hier unsere Zimmer.«

Luky versuchte, das klein beschriebene Papier von Hans mit ausgestrecktem Arm und zugekniffenen Augen zu lesen.

»Du meinst diesen Sonntag?«

»Ja, es muss dieser Sonntag sein, das ist der letzte Sonntagsverkauf vor Weihnachten – da muss die Kasse voll sein.«

Luky nickte beeindruckt.

»Und warum ausgerechnet die Bijouterie Klein?«, fragte Inge.

»Peter Klein ist ein ehemaliger Schüler von mir. Ich kannte schon seinen Vater gut. Bei der letzten Klassenzusammenkunft fragte ich ihn nach einigen Flaschen Wein, ob er keine Angst vor Überfällen habe, da er ja fast immer allein im Laden sei. Er meinte nur, dass eh alles versichert sei und er darum weder eine Waffe noch eine moderne Alarmanlage habe. Das lohne sich nicht für so ein kleines Geschäft. Aber, so sagte er weiter, das wüssten ja die bösen Buben nicht ...«

»Das ist ja alles schön und gut«, sagte Frida mit einem merklich weniger ironischen Unterton in der Stimme als auch schon. »Aber ganz freiwillig wird er uns seine Kasse ja nicht geben.«

Hans lächelte und stellte eine Plastiksprayflasche auf den Tisch, wie man sie für das Einsprühen von Wäsche benutzt.

»Meine Spezialmischung: Essig, Pfeffer und ein Spritzer Zitronensaft ...«

Jetzt wurde Fridas Ton doch wieder aggressiver: »Und du glaubst, dass er Angst hat vor deiner Salatsauce?«

Hans hielt den Spray vor Fridas Gesicht, die wütend ihre Augen mit der Hand schützte.

»Spinnst du, hör auf ... erzähl besser weiter von deinem bescheuerten Plan.«

Inge drehte den Verschluss ihres Flachmanns auf und gönnte sich einen Schluck. Dann stellte sie die kleine, silberne Metallflasche als Einladung an alle mitten auf den Tisch.

»Was denkt ihr«, fragte sie, nachdem der Wodka ihre Kehle hinuntergeflossen war, »sperren die so alte Knacker wie uns überhaupt noch ins Gefängnis?«

Frida nahm auch einen Schluck aus der kleinen Pulle und antwortete: »Ob ›Abendrot‹ oder Knast, was ist der Unterschied?«

Hans schaute in die Runde und bemerkte, dass seine Freunde sehr ruhig und nachdenklich geworden waren.

»Ich erzähle euch jetzt, wie es gehen könnte. Aber wie gesagt, das ist alles graue Theorie.«

14

Marias Arm schmerzte noch leicht von den drei Spritzen, die sie bekommen hatte, aber sonst fühlte sie sich relativ gut. Huber steuerte den alten Bus sicher über die leicht vereiste Strasse von Rapperswil zurück ins Zürcher Oberland. Maria fiel auf, dass fast jedes Haus und jeder Balkon irgendwie mit Lichterketten, beleuchteten Rentieren, Sternen und anderen weihnachtlichen Sujets dekoriert war.

Als sie durch den Rütiwald fuhren, begann es wieder leicht zu schneien. Maria erinnerte sich, dass sie als Kind jedes Jahr in der Woche vor Weihnachten mit ihrem Vater in den Wald gegangen war. Gemeinsam suchten sie dann die Tanne aus, der die Ehre zuteilwerden sollte, von einer gemeinen Rottanne zum Christbaum der Familie zu werden. Mit einer kleinen Säge, die man Fuchsschwanz nannte, sägte der Vater den auserkorenen Baum um, und gemeinsam trugen sie ihn anschliessend nach Hause. Es war ihr, als rieche sie wieder den Duft der frischen Tanne, des Harzes und der kalten Waldluft.

Der Geruchssinn war auch nach so vielen Jahren noch immer ein zuverlässiges Gedächtnis. Sie wusste noch genau, wie es damals roch, wenn sie mit kalten Händen und roten Backen aus dem Wald zurückkamen. Die Mutter hatte in der Zwischenzeit die erste Sorte Weihnachtsgebäck aus dem Ofen geholt, meist Mailänderli, und bereitete die Zimtsterne vor. Für sie stand schon eine grosse Tasse Rumpunsch bereit, etwas, was es nur um die Weihnachtszeit gab.

Ein Lächeln huschte über Marias Gesicht, als ihr in den Sinn kam, dass sich dann jedes Jahr genau dasselbe Schauspiel wiederholte, wenn ihr Vater und sie der Mutter stolz den auserwählten Baum präsentierten. Sie rümpfte ein wenig die Nase und meinte, dass er zu gross und etwas krumm wäre und es Stellen gäbe, wo ein Ast für die Kugeln fehle. Nach Marias Protest, dass es der schönste Baum im ganzen Wald sei, nickte die Mutter jeweils und meinte mit einem vielsagenden Blick zu ihrem Mann: »Wenn man ihn richtig aufstellt, kann ich den Baum vielleicht noch retten. Aber kürzen musst du ihn noch.« Und natürlich war es dann jedes Jahr ein wundervoll geschmückter Baum, an dem an Heiligabend die Kerzen brannten.

Als sie schon fast aus dem Wald waren, bat Maria Huber, kurz anzuhalten. Der glaubte erst, dass es ihr nicht gut ginge, aber Maria beruhigte ihn und erklärte, dass sie einfach gern ein paar Schritte im verschneiten Wald gehen würde. Huber nickte und lenkte den Bus in einen kleinen Waldweg. Dann half er Maria beim Aussteigen. Es war schon dunkel geworden, und Maria hakte sich sicherheitshalber bei Huber ein, der mit ihr ein paar Schritte in den Wald machte. Maria atmete tief ein und aus. Sie lauschte den Geräuschen des Waldes und sog die frische, kalte Luft in ihre Lungen. Als sie an einer kleinen Tanne vorbeikamen, brach sie einen kleinen Zweig ab, schloss die Augen und roch lange daran. Huber hatte den Eindruck, dass sie lächelte, auch wenn er es in der Dunkelheit nicht sehen konnte.

Maria steckte sich den Zweig in die Manteltasche, schaute zu Huber hoch und fragte: »Haben Sie Kinder?«

Dieser, von der Frage überrascht, räusperte sich erst und antwortete dann: »Ja, zwei Töchter. Lara ist vierzehn und Zoé gerade zehn geworden.«

»Und wie feiern Sie Weihnachten?«, wollte Maria wissen.

»Ganz traditionell. Meine Eltern kommen, und es gibt jedes Jahr Fondue chinoise.«

»Singen Sie auch gemeinsam Weihnachtslieder?«

Huber schmunzelte und meinte: »Ja, früher spielte Lara sogar Blockflöte dazu, aber die Zeiten sind vorbei. Heute läuft eine Christmas-Playlist auf dem iPhone.«

»Eine was?«

»Alles einfach übers Internet.«

»Schade«, sagte Maria, der es langsam kalt wurde. Sie bat, zurück zum Wagen zu gehen, und fügte hinzu: »Halten Sie die Traditionen und Erinnerungen hoch, es wird eine Zeit kommen, da werden sie das Einzige sein, was Sie noch haben.«

Nachdem sie wieder in den Bus gestiegen waren, hing Maria weiter ihren Erinnerungen nach. Es kam ihr in den Sinn, dass man sagt, in den allerletzten Momenten ziehe das ganze Leben wie ein kurzer Film an einem vorbei. Genau das passierte jetzt, nur nicht in ein paar Sekunden, sondern während der ganzen Fahrt, bis sie wieder auf den Parkplatz vor dem »Abendrot« einbogen. Als sie ausstieg, war sie noch ganz in ihrer Gedankenwelt, und froh, dass Huber sie bis zum Eingang ein wenig stützte.

Es wurde gerade alles für das Abendessen vorbereitet. Maria

schaute sich nach ihren Freunden um, entdeckte aber niemanden. So ging sie den Flur hinunter und klopfte an die Tür von Frida. Sie war nicht in ihrem Zimmer. Da hörte sie Stimmengemurmel aus Hans' Zimmer nebenan und klopfte an seine Tür.

Frida, Hans, Inge und Luky stockte der Atem. Auf dem kleinen Tisch lagen Papiere mit Notizen. An den Wänden hingen Pläne und Skizzen, es sah aus wie in einer Kommandozentrale. Panisch schauten sie sich an, und Hans stand, so schnell er konnte, auf.

»Hans, bist du da?«, hörte er Marias Stimme durch die geschlossene Tür fragen.

Geistesgegenwärtig verstrubbelte Hans seine wenigen verbliebenen Haare und öffnete die Tür einen kleinen Spalt breit.

»Habe ich dich geweckt?«, wollte Maria wissen.

»Kein Problem, ist ja eh bald Abendessen«, antwortete Hans.

Obwohl er gut improvisierte, hatte Maria das Gefühl, dass etwas nicht stimmte, und als sie an ihm vorbei in sein Zimmer blickte, sah sie eine grosse Skizze, die mit Klebestreifen an die Schranktür geklebt worden war.

»Weisst du, wo Frida ist?«, wollte sie wissen.

»Ähh … nein … äh – entschuldige, ich muss jetzt dringend auf die Toilette. Wir sehen uns gleich beim Essen.«

Schnell schloss er die Tür wieder.

Was Hans da wohl aufgehängt hatte, dachte Maria, und – eigenartig – sie war sich sicher, dass sie Stimmen gehört hatte, bevor er an die Tür gekommen war. Nachdenklich ging sie langsam zurück in ihr Zimmer, wo sie sich vor dem Abendessen noch ein wenig hinlegen wollte.

Frida stiess die angehaltene Luft durch die Zähne.

»Ich hoffe, sie hat nichts gemerkt.«

Luky stand auf und ging zum Fenster. Er sah, wie gerade der Sarg mit Paul hinausgetragen und in einen Leichenwagen geschoben wurde.

Er drehte sich zu seinen Freunden um und sagte bestimmt: »Ich denke, keiner von uns hat davon geträumt, hier im Altersheim Abendrot zu enden. Ich bin dafür, dass wir es einfach versuchen.«

Inge nickte.

»Obwohl ich die Berge hasse: Ich bin dabei – alles ist besser als das hier.«

Nun winkte Hans nervös mit beiden Händen ab.

»Halt, halt! Das war doch nur ein Gedankenspiel.«

Frida legte ihre Hand auf seinen Arm.

»Bis Sonntag um genau vierzehn Uhr zehn. Ich liebe deinen Plan – und kein Wort zu Maria!«

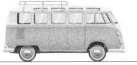

15

Zwei Tage später, kurz nach Mittag, sass Hans an seinem Schreibtisch und ging seinen Plan nochmals Schritt für Schritt durch. Er war nervös, aber er spürte auch ein erwartungsfrohes Kribbeln wie schon seit Jahren nicht mehr. Die letzten beiden Tage waren für alle eine grosse Herausforderung gewesen. Einerseits gab es noch so viel zu besprechen, und andererseits mussten sie höllisch aufpassen, dass weder Maria noch Daniela Kunz etwas spitzkriegten. Es war aber auch eine sehr emotionale Zeit. Jeder kämpfte mit seinem Gewissen und der Frage, ob der Zweck wirklich immer die Mittel heiligte.

Inge spülte ihre Zweifel erst in alter Manier einfach mit einem Glas Wodka hinunter. Sie versuchte, alles zu verdrängen und nicht zu nahe an sich heranzulassen. Doch am Abend vor dem geplanten Coup mit ihren Freunden sass sie wie jeden Abend vor dem grossen Schminkspiegel und zwang sich, sich selber in die Augen zu schauen. Erst gelang ihr das nur für ein paar Sekunden, dann ein bisschen länger, und schliesslich konnte sie ihren eigenen Blick aushalten. Doch wenn es wahr sein sollte, dass die Augen der Spiegel der Seele waren, war sie mit dem Gesehenen gar nicht zufrieden. Sie sah in die Augen einer alten Säuferin, die ihr ganzes Leben Theater gespielt hatte, egal, ob sie auf der Bühne oder im Leben stand. Sie spielte so viele Rollen übergangslos, dass sie längst vergessen hatte, wer Inge von Hellbach wirklich war.

Der einzige Moment, in dem sie die Maske fallen liess, war abends, wenn sie allein in ihrem Zimmer war, Musik hörte und ein Buch las. Doch mit einer Zimmergenossin wäre das nicht mehr möglich – das durfte sie nicht zulassen. Das würde sie schlicht nicht überleben oder überleben wollen. Wenn sie ganz ehrlich war, dann hoffte sie insgeheim ein bisschen, dass ihr kühner Plan schiefging. So auf der Flucht erschossen zu werden, hätte etwas Dramatisches und würde ihr Leben würdig beenden. Doch im selben Moment lief es ihr bei dem Gedanken kalt den Rücken hinunter. Sie wollte noch nicht sterben. Sie wollte leben, aber richtig! Und wenn sie damit Maria half, ihren letzten Wunsch zu erfüllen, sollte ihr das mehr als recht sein.

Doch nicht nur Inge kämpfte mit sich, auch Luky schwankte, ob es wirklich richtig war, was sie planten. Er hatte am Nachmittag lange mit Hans auf einer Bank im Garten gesessen, obwohl es kalt und nass war. Eines war Luky klar: Ohne die verdammte Krankheit hätte er dem Unterfangen schon lange ohne Bedenken zugestimmt. Aber ohne die Krankheit wäre er auch gar nicht hier. Dann wäre er jetzt wohl in Südfrankreich, wo es nicht so trostlos grau wäre. Er liebte die Winterzeit an der Côte d'Azur, wenn es keine Touristen gab. Wenn sich nur die Einheimischen in den kleinen Restaurants der Altstadt von Nizza oder Cannes trafen und die Promenaden menschenleer waren. Wie konnte es sein, dass er sich so schnell aufgegeben hatte? Er war doch eigentlich ein Kämpfer. Er merkte auch, dass ihm der Tod von Paul doch mehr zu schaffen machte, als er zuerst gedacht hatte. Aber er hatte ihn auch zur Erkenntnis geführt, dass er nicht wie Paul von dieser Welt abtreten wollte. Sabbernd im Rollstuhl – das war keine Option. Verdammt, er konnte auch auf einer Bank am Meer pennen, was machte er eigentlich hier? Plötzlich war ihm klar, dass er nach dem Überfall und den Weihnachten in den Bergen nicht mehr hierher zurückgehen würde. Er wollte sich seinen letzten Wunsch selber erfüllen, und zwar jetzt!

Hans war weniger entschlossen. Einerseits machte es ihn stolz, dass seine Freunde an seinen Plan glaubten, wahrscheinlich mehr als er selber, aber es setzte ihn auch gehörig unter Druck. Er wollte nicht dafür verantwortlich sein, dass seine Freunde und er wegen eines Fehlers in seinen Überlegungen im Gefängnis landeten. Risiken einzugehen, war noch nie seine Stärke gewesen. Dass er sich damals frühzeitig pensionieren liess, den sicheren Lehrerjob an den Nagel hängte und es als Schriftsteller versuchte, war weniger eine Wahl gewesen als vielmehr aus der Not geboren. Er spürte damals, dass er nahe an einem Burnout war, hatte oft depressive Schübe, was er zuvor so nicht kannte. Schreiben war reine Therapie und rettete ihm wahrscheinlich das Leben. Im Altersheim hatte er sich irgendwie mit allem und allen arrangiert, auch mit seiner kleinen Rente. Wenigstens hatte sein Tag hier eine Struktur, und er lebte seine Träume eh lieber in seinem Kopf und auf dem Papier als im richtigen Leben.

Aber Maria bei ihrem letzten Wunsch nicht zu helfen, das konnte er auch nicht, dazu mochte er sie einfach zu sehr. Und irgendwie wollte er auch Frida nicht enttäuschen. Warum, wusste er eigentlich nicht, es war einfach so ein Gefühl.

Die Einzige, die keine Sekunde zweifelte, war Frida. Es war ihr klar: Auch wenn alle anderen den Schwanz einziehen würden, sie fände irgendeinen Weg, auch allein mit Maria in die Berge zu fahren, und wenn es das Letzte wäre, was sie tun würde. Loyalität stand schon immer ganz oben auf Fridas Werteskala. Selbst als ihre Firma damals in der Krise pleiteging, hatte sie keinen ihrer Mitarbeiter entlassen, sondern deren Löhne aus eigener Tasche so lange weiterbezahlt, bis auch diese leer war. Nein, einen Freund im Stich lassen, das existierte nicht in Fridas Welt.

Der Zeiger an Fridas Armbanduhr sprang auf vierzehn Uhr zehn. Die Zimmertür der alten Frau öffnete sich, und, auf einen Rollator gestützt, in dessen Transportkorb sie ihre Sauerstoffflasche gelegt hatte, erschien Frida als Erste auf dem Flur. Fast gleichzeitig öffneten sich die Türen von Lukys und Hans' Zimmern. Die beiden nickten sich aufmunternd zu. Hans war total konzentriert, und die grosse Anspannung war ihm anzusehen. Immer wieder warf er einen Kontrollblick auf seine Armbanduhr. Gemeinsam gingen sie hinter Frida her, liessen genug Abstand, damit es nicht zu auffällig wirkte.

Maria hatten sie gesagt, sie würden nach Zürich an ein Adventskonzert fahren. Wie erwartet, war das für Maria zu anstrengend, und sie wollte lieber zu Hause bleiben. Auch die Kunz glaubte die Geschichte mit dem Konzert, und weil sich Luky sehr nett bei ihr entschuldigt hatte, drückte sie ein Auge zu und liess das Grüppchen fahren. Es war ja schliesslich bald Weihnachten. Als Hans, Luky und Frida die Bushaltestelle erreichten, war Inge schon da. Wie immer perfekt angezogen und wie aus dem Ei gepellt. Die Fahrt mit dem Bus verlief trotz dem Schnee problemlos. Sie kamen pünktlich in Rapperswil an und hatten genug Zeit, gemütlich in den Regionalzug via Meilen nach Zürich Hauptbahnhof einzusteigen. Hans wunderte sich, weshalb er sich gerade jetzt daran erinnerte, dass die SBB in den Achtzigerjahren auf dieser Strecke lila-gelb lackierte Züge eingesetzt hatte, die von der ganzen Schweiz »Chiquita« genannt wurden, weil sich die Böden der Wagen »wie eine Banane« durchbogen. Ihr Zug war zu dieser Tageszeit nur schwach besetzt. Dem rechten Ufer des Zürichsees entlang, der sogenannten Goldküste, hatte es nur wenig geschneit. Der See, der bestimmt wärmer war als die Luft, dampfte leicht. Die wohlhabenden Seegemeinden hatten sich schon für Weihnachten herausgeputzt, und es war nicht zu übersehen, dass die Lichtdekorationen an den Villen und Eigentumswohnungen umso teurer und aufwendiger waren, je näher der Zug Zürich kam. Die S6 fuhr pünktlich um fünfzehn Uhr sechzehn in den Bahnhof Küsnacht ein.

Das kleine Grüppchen kam die Bahnhofunterführung hoch und überquerte die Dorfstrasse. Hans warf einen Blick auf seine Uhr, und sie betraten genau nach Plan das grosse Einkaufszentrum auf der anderen Seite der Strasse. Ohne links oder rechts in die dekorierten Schaufenster zu schauen, gingen sie zielstrebig in den unteren Stock, wo es neben einem Textilreinigungsgeschäft und einem Schlüssel- und Absatzservice einen Kostümverleih gab, der zu dieser Jahreszeit, zwischen Halloween und Fasnacht, praktisch leer war. Darum dauerte es auch nicht lange, bis die Alten, mit riesigen Einkaufstaschen bepackt, den Laden wieder verliessen.

Auf dem Weg zurück zum Ausgang des Zentrums machten sie einen Abstecher in ein Lebensmittelgeschäft und kauften Mandarinen, Nüsse, Weihnachtsguetsli und -schokolade. Zufrieden schaute Hans abermals auf seine Uhr – alles lief nach Plan.

Plötzlich bat Inge ihre Freunde, kurz zu warten, und betrat zielstrebig einen hinter einer Säule versteckten Sexshop. Hans war verwirrt: Das war nicht Teil des Plans und konnte seine ganzen Berechnungen gefährden! Doch da war Inge schon wieder zurück – an ihrem Zeigfinger baumelten pinke Handschellen, die sie mit einem Augenzwinkern in einer der vielen Taschen verschwinden liess.

Genau um sechzehn Uhr fünfzehn waren sie zurück am Bahnhof. Jetzt war Frida an der Reihe. Hans gab ihr ein Zeichen, und sie begann plötzlich, stark zu hinken. Auf den Rollator gestützt, ging sie mühselig die kleine Rampe zur Schalterhalle hoch. Wie erwartet, war der Schalter frei, da ja fast alle Bahntickets übers Internet gebucht wurden. Trotzdem musste sie ein paar Minuten warten, bis jemand kam.

»Endlich, wie lange muss man hier denn warten!«, regte sich Frida auf. »Viel länger halte ich es nicht mehr aus; ich brauche dringend den Schlüssel für das Behinderten-WC, aber dalli!«

Die junge SBB-Angestellte gab der alten Frau den Schlüssel, an dessen Ende eine Schnur mit einem grossen Holzwürfel baumelte. Dass sie ihn zurückbringen solle, vergass sie nach der ungeduldigen Ansprache der Alten zu sagen. Die humpelte schon zum Ausgang und verschwand in Richtung WC-Anlage.

Kaum hatte Frida die Tür zum grossen Behinderten-WC aufgeschlossen, kamen drei Gestalten mit grossen Einkaufstaschen hinter den Schliessfächern hervor und huschten an ihr vorbei ins Innere. Frida wartete vor der geschlossenen Tür und schaute auf die Bahnhofsuhr. Der rote Sekundenzeiger, dessen Form an die

Befehlskelle eines Stationsvorstands erinnerte, bewegte sich auf die Zwölf, blieb kurz stehen, und dann sprang der Minutenzeiger auf sechzehn Uhr dreissig. Noch dreissig Minuten bis Ladenschluss.

16

Der schmucke, kleine Marktplatz in Küsnacht war voller Menschen. Einige hasteten mit prall gefüllten Einkaufstaschen vorüber, andere verweilten an einem der Marktstände, die es hier zur Weihnachtszeit gab. Es roch nach Glühwein und Raclette. An den Ständen wurde alles Mögliche angeboten: viel Kunsthandwerk, Holzspielsachen und hochwertiger Weihnachtsschmuck, aber auch Selbstgebasteltes von der lokalen Montessori-Schule, die für einen guten Zweck Geld sammelte. Weitere Passanten schlenderten von Schaufenster zu Schaufenster rund um den Platz, noch immer auf der Suche nach einem geeigneten Geschenk. Es war schon fast dunkel, als von der Marktgasse her zwei Samichläuse und ein Schmutzli auftauchten. Etwas hinter der Gruppe folgte Frida mit ihrem Rollator, die sich vor Nervosität etwas zusätzlichen Sauerstoff aus der mitgeführten Flasche gönnte.

Kaum erreichten die Samichläuse den Platz, kamen auch schon die ersten Kinder angerannt. Samichlaus Hans verteilte Mandarinen und Nüsse, Samichlaus Luky füllte kleine Kinderhände mit Guetsli und Schokolade, und Schmutzli Inge versuchte, mit dem Flachmann in der Hand hinter dem schwarzen Bart den Mund zu finden. Hans kontrollierte erneut die Zeit – alles lief perfekt, es war zehn Minuten vor Ladenschluss. Stolz nickte er Frida zu, die sich auf den Weg zur Bijouterie Klein machte, die etwas zurückversetzt am unteren Ende des Marktplatzes lag. Sie ging, den Rollator vor sich herschiebend, zu dem kleinen Laden, der nur ein Schaufenster hatte, und tat, als würde sie die Auslage betrachten. Dabei spähte sie angestrengt in den Laden, um sicherzugehen, dass keine Kunden mehr anwesend waren. Es war tatsächlich alles genau so, wie Hans es beschrieben und ihnen aufgezeichnet hatte.

Doch dann stockte Frida der Atem. Das durfte nicht wahr sein: Neben der Eingangstür stand ein Wachmann, eindeutig. Schwarzer Polyesteranzug, weisses Hemd, Schlägervisage. Auf seinem Jackett war ein Schriftzug mit Logo zu erkennen: »Star Security«.

Frida wurde es leicht schwindlig, sie hielt sich an den Griffen des Rollators fest und begann zu fluchen wie ein Kutscher. So schnell sie konnte, ging sie über das Kopfsteinpflaster zurück zu ihren Freunden, die ihre Gaben unterdessen verteilt hatten.

Hans sah Frida zurückkommen und wurde wütend. Sie sollte doch vor dem Eingang Position beziehen und so verhindern, dass jemand den Laden betrat, wenn sie drin waren.

»Verdammt noch mal, was ist los?«, zischte er hinter seinem Bart hervor.

Frida brauchte erst einen Moment und zusätzlichen Sauerstoff.

»Ein Wachmann, im Laden steht ein verdammter Wachmann! Gratuliere, super Plan, wirklich!«

»Aber ...«, stammelte Hans.

»Geht mal zur Seite« sagte Luky und schraubte, ohne lange zu überlegen, an Fridas Rollator herum. Er zog einen der Griffe heraus, an dem ein circa fünfzig Zentimeter langes, schwarzes Metallrohr befestigt war. Er hielt das Rohr wie eine Waffe, und tatsächlich, im Dunkeln sah das Teil aus wie eine abgesägte Schrotflinte.

Frida nickte bewundernd.

»Nicht schlecht, aber im hellen Laden wird dich der Wachmann auslachen.«

Hans rang nach Luft und schüttelte vehement den Kopf.

»Nein, halt! Wir hatten ausgemacht: keine Waffen!«

Luky schnappte sich die Fitze von Schmutzli Inge und steckte das Rohr zwischen das Reisig, bis man vorn nur noch knapp die Öffnung des Eisenrohrs sehen konnte. Zufrieden betrachtete er sein Werk und gab die Fitze mit integrierter Schrotflintenattrappe an den Schmutzli zurück.

»Und du meinst, das klappt?«, fragte Inge unsicher.

»Das werden wir gleich sehen, Madame«, meinte Luky und lächelte ihr zu.

Hans wollte noch immer sein Veto einlegen, aber Inge schaute auf ihre Uhr.

»Verdammt, noch drei Minuten! Los jetzt! Kontrolliert nochmals den Sitz eurer Bärte, dann holen wir uns die Beute, und ab in die Berge!«

17

Peter Klein war zufrieden mit dem diesjährigen Weihnachtsgeschäft. Natürlich war es nicht mehr so wie früher, als sein Vater das Geschäft führte. Damals war es noch Ehrensache, dass man im Dorf einkaufte, und das Geschäft lebte fast nur von Stammkunden. Heute, mit Online-Shopping und Discountern an allen Ecken, musste man kleinere Brötchen backen. Aber da er keine Angestellten hatte und ihm die Liegenschaft am Dorfplatz mit dem Ladenlokal im Erdgeschoss gehörte, konnte er sich einigermassen über Wasser halten.

Er begann, die teuersten Schmuckstücke in den kleinen Safe zu legen, wo sie über Nacht bleiben sollten, und freute sich schon auf einen Glühwein, als das vertraute»Bim, Bim« der Eingangstür einen späten Kunden ankündigte. Als er aufschaute, sah er zwei Samichläuse und einen Schmutzli, die sein Geschäft betreten hatten. Gerade als er dachte, dass die wahrscheinlich vom Markt kamen und ihn zum Glühwein abholen wollten, rief einer der Chläuse:»Überfall! Kein Scheiss jetzt!«

Das Lächeln des Bijoutiers gefror ihm im Gesicht. Verdattert und hilfesuchend schaute er zu dem Wachmann. Auch der war geistig schon im Feierabend und brauchte ein paar Sekunden, um zu erfassen, was da los war. Als er es begriff, war sein Aktionsspielraum schon sehr eingeengt, da er in einen Gewehrlauf schaute, der zwischen den Zweigen der Fitze des Schmutzlis hervorlugte. Langsam hob er seine Hände.

Hans schaute zum Eingang, wo sich Frida perfekt positioniert hatte und so allfälligen Passanten den Blick in die Bijouterie versperrte. Jetzt lief alles genau nach Plan.

»Kohle her! Und keine Bewegung, sonst blasen wir euch weg!« Luky sprach mit tiefer, verstellter Stimme.

Peter Klein, der noch immer nicht ganz begriffen hatte, was da los war, öffnete die Kasse und schmiss das ganze Bargeld in den Jutesack, den Luky ihm hinhielt. Hans und Luky war schnell klar, dass die paar Geldscheine, die in den Sack fielen, niemals für schöne Weihnachten in den Bergen reichen würden.

»Diese blöden Kreditkarten«, dachte Hans und erblickte im nächsten Moment eine Reihe teurer Armbanduhren im offenen Safe. Sie hatten vereinbart, dass Hans nicht reden würde, da die Gefahr, dass der Bijoutier seine Stimme erkannte, zu gross war.

Hans zeigte also nur stumm auf die edlen Uhren. Doch Peter Klein reagierte nicht. Hans verschaffte sich seine Aufmerksamkeit, indem er mehrmals kräftig mit seinem Ring auf den Verkaufstresen klopfte.

Luky ergänzte: »Aber keinen Schrott! Nur Rolex!«

Der Bijoutier starrte Hans an – dann fiel sein Blick auf die Hand des Samichlauses, an deren kleinem Finger ein auffälliger Wappenring prangte.

Ungläubig staunend taumelte Peter Klein zwei Schritte zurück.

»Nein! Du? Hans Bolliger?«

Hans und Luky sahen sich entsetzt an. Der ganze schöne Plan war von einer Sekunde auf die andere geplatzt. Fertig. Aus. Vorbei.

In absoluter Panik versuchte Hans, zu retten, was noch zu retten war, zog seine Sprayflasche mit der Essig-Pfeffer-Zitronensaft-Mixtur aus dem Jutesack und spritzte seinem ehemaligen Schüler eine Ladung ins Gesicht. Der schrie auf und versuchte, die in seinen Augen brennende Flüssigkeit mit dem Hemdsärmel aus dem Gesicht zu bekommen. Doch schon drückte Hans seine noch freie Hand nach unten, und sein Handgelenk wurde mit den pinken Handschellen aus dem Sexshop an ein Heizungsrohr gefesselt. Der Wachmann schüttelte ungläubig den Kopf. Das Bild war einfach zu absurd.

Inge, die den Wachmann keine Sekunde aus den Augen gelassen hatte, fiel ein Namensschild auf, das am Jackett des Mannes befestigt war. Neben dem Logo der Star Security war der Name »Rolf« aufgedruckt. Inge spürte, dass die ganze Situation aus dem Ruder zu laufen drohte. Sie musste etwas tun. Um sich die nötige Aufmerksamkeit zu verschaffen, drückte sie also den Lauf der Schrotflintenattrappe gegen die Stirn des Wachmanns.

»Rolf! Ausziehen!«, befahl sie mit möglichst maskuliner Stimme, was ihr aber offensichtlich nicht so richtig gelang.

Dem Wachmann fielen fast die Augen aus dem Kopf.

»Verdammte Scheisse, eine Frau?!«

»Und zwar ganz!«, ergänzte Inge ihren Befehl.

Da der Wachmann noch immer zögerte, verstärkte Inge den Druck des »Gewehrlaufes« gegen den Kopf des Mannes, was die erhoffte Wirkung nicht verfehlte. Langsam zog Rolf sein Jackett aus, legte es vor sich auf den Boden und begann, das Hemd aufzuknöpfen.

Hans und Luky packten die teuren Rolex-Uhren in den Jutesack, während Peter Klein, dessen Augen noch immer höllisch brannten und seinen Blick trübten, in einem fort »Der Bolliger, der alte Lehrer Bolliger, ich glaube das nicht, der Bolliger?!« stammelte.

Auf ihren Rollator gestützt, schaute Frida von aussen ungläubig in den Laden. Da geschahen seltsame Dinge, die ganz sicher nicht Teil des Plans waren. Vor allem der Striptease des gut trainierten Wachmanns war sicher nicht auf Hans' Mist gewachsen. Als der Mann bei den Boxershorts ankam, drehte Frida vorsichtshalber den Sauerstoff etwas auf und begann, den Joe-Cocker-Klassiker »You Can Leave Your Hat On« zu summen.

Der Wachmann zögerte ein wenig bei seinem letzten Kleidungsstück, doch Inge kannte kein Erbarmen.

»Alles, mein lieber Rolf, alles!«

Als der junge Mann nackt vor ihr stand und mit beiden Händen sein bestes Stück verdeckte, zeigte Inge auf seine Kleider und warf ihm ihren Jutesack zu.

»Alles da rein, schnell!« Als sich Rolf nicht bewegte, schaute Inge an ihm hinunter und meinte:»Los jetzt, das bisschen kannst du auch mit einer Hand verdecken.«

Schäumend vor Wut, gehorchte der Mann und stopfte mit der anderen Hand seine Kleider in den Sack.

Jetzt drehte Frida den Sauerstoffhahn ganz auf und reckte ihren

Hals, um bessere Sicht zu haben. Doch da stockte ihr der Atem. In der Glastür der Bijouterie sah sie plötzlich wie einen Geist das Spiegelbild von Maria hinter sich. Geschockt wirbelte Frida herum und wäre beinahe über ihren Rollator gestolpert. Nach einem kurzen, aber intensiven Hustenanfall konnte sie endlich wieder reden.

»Ja gopfvertelisiech, Maria! Was machst denn du hier?«

»Das wollte ich dich gerade fragen. Weisst du, ich bin zwar todkrank, aber nicht blöd.«

»Ja, aber, wie kommst du überhaupt hierher?«

Maria zeigte mit dem Kopf auf den alten, klapprigen Bus des Altersheims, der auf dem Trottoir stand. Huber hatte ihn da parkiert und für Maria den Motor laufen lassen, damit es warm blieb im Wageninnern.

»Der Huber hat mich gefahren, er musste für die Kunz ein Paket abholen. Jetzt holt er für mich ein paar Marroni.«

In dem Moment wurde die Ladentür aufgerissen, und die Samichläuse Hans und Luky stürmten hinaus. Schmutzli Inge drehte sich nochmals zum Wachmann um, während sie den Jutesack mit Rolfs Kleidern gekonnt auf ihren Rücken schwang.

»Bei den Temperaturen würde ich dir, lieber Rolf, nicht empfehlen, uns nackt zu folgen, du weisst ja …«, sagte sie und zeigte unmissverständlich mit den Fingern, was wohl in der eisigen Kälte mit Rolfs Männlichkeit passieren würde. Das war der Erniedrigung zu viel für Muskelmann Rolf.

Mit hochrotem Kopf schrie er: »Ich bringe dich um!«

Das Bild der beiden überfallenen Männer, das die kleine Überwachungskamera aufzeichnete, die der Bijoutier unlängst hinter dem Verkaufstresen montiert hatte, war geradezu grotesk: Der eine, der mit einer pinken Handschelle an ein Heizungsrohr gefesselt war, schüttelte fortwährend den Kopf und schien etwas vor sich hin zu stammeln. Und der andere rannte, schäumend vor Wut und fluchend, nackt zum Telefon und schrie etwas in den Hörer. Hätte einer der beiden Männer in dem Augenblick zum Ausgang geblickt, hätte er gesehen, dass Inge die vermeintliche Schrotflinte aus der Fitze zog und in Griffhöhe in den Rollator steckte.

Ehe die immer noch total perplexe Frida ein Wort herausbrachte, fluchte Luky los: »So eine totale Scheisse! Wir sind am Arsch, er hat Hans erkannt!«

Ohne auf Luky einzugehen, zeigte Frida auf Maria, die neben dem alten Bus stand und die ganze Szene ungläubig beobachtete. Ihr Gesicht wurde immer weisser, und sie musste sich am Bus anlehnen.

»O nein, nicht das auch noch!«, brach es aus Luky heraus.

Hans versuchte, einen klaren Kopf zu behalten, und schrie: »Wir müssen weg hier, schnell, bevor die Polizei kommt!«

Die Chläuse und der Schmutzli wollten wie geplant in Richtung Bahnhof losrennen, doch Frida hatte eine andere Idee und rief: »Stopp!« Sie ging auf den alten Bus zu und sagte bestimmt: »Wir nehmen den hier.«

Luky reagierte sofort, rannte zur Fahrertür und sprang hinter das Lenkrad. Hans riss die seitliche Schiebetür auf, Frida nahm die total verwirrte Maria an der Hand, und die »Sonnenuntergäng« kletterte in das Gefährt, das mit durchdrehenden Reifen quer über den Marktplatz davonschoss. Im Rückspiegel sah Luky, wie Huber mit einer Tüte Marroni in der Hand wild gestikulierend hinter ihnen herrannte, bevor er das Unterfangen aufgab. Niemand sprach ein Wort, bis Maria als Erste die Sprache wiederfand, während Luky alles aus der alten Karre herausholte.

Mit leiser Stimme fragte sie, fast wie zu sich selbst: »Was um Gottes willen habt ihr nur gemacht?«

Frida versuchte, die arme Maria zu beruhigen, und legte ihren Arm um sie.

»Ich erkläre es dir, wenn wir zurück sind.«

Doch Inge, die die ganze Tragweite der Situation erkannte, meinte: »Ich fürchte, es gibt für uns kein Zurück mehr.«

Luky fuhr wie ein Henker von Küsnacht in Richtung Zürich, wo er schnellstmöglich auf eine Autobahn wollte. Warum, wusste er nicht, geschweige denn, in welche Richtung er fliehen sollte. Das Einzige, was er wusste, war, dass sie so schnell wie möglich so weit wie möglich vom Tatort wegmussten.

Mit aufblendenden Scheinwerfern versuchte er, einen alten VW-Käfer von der Strasse zu vertreiben, der in gemächlichem Tempo auf der Seestrasse unterwegs war. Doch erst das wiederholte Hupsignal motivierte den Lenker des Käfers, an den Strassenrand zu fahren, was Luky die Möglichkeit gab, das Gaspedal ganz durchzudrücken.

Konzentriert schaute er auf die Strasse und fragte gleichzeitig: »Gopfverteckel, warum nur hat er dich erkannt?«

Hans, der sich auf dem Beifahrersitz möglichst klein zu machen versuchte, klopfte mit seinem Ring gegen das Seitenfenster.

»Der verdammte Ring«, sagte er mit leiser Stimme.

»Ich liebe perfekte Pläne«, sagte Frida tonlos.

In Maria, die schnell begriffen hatte, was ungefähr geschehen sein musste, und vor allem auch, dass ihre Freunde das alles wohl nur für sie getan hatten, stieg ein unendlich grosses Schuldgefühl hoch, und sie versuchte, die ganze Sache zu retten.

»Gebt mir die Beute, ich sage, ich hätte sie am Strassenrand gefunden, und alles ist wieder gut.«

Inge hörte den traurigen und verzweifelten Unterton in ihrer Stimme, nahm Marias Hand in ihre und sagte liebevoll: »Du hast mit dem Ganzen hier überhaupt nichts zu tun.«

»Doch, ich fürchte sehr viel sogar«, erwiderte Maria entschieden, »es ist wegen Weihnachten in den Bergen, gell?«

Sie schaute Frida an, die beschämt ihren Kopf wegdrehte und im Seitenfenster ihr trauriges Gesicht gespiegelt sah.

Luky riss das Steuerrad herum, dass der alte Bus nur so quietschte. Er hatte die alte Frau mit dem kleinen Hund erst im letzten Moment gesehen.

»Blöde, senile Kuh!«, schrie er.

Die Frauen, die hinten im Bus hin und her geschleudert wurden, schauten sich wortlos und voller Angst an.

Hans, der sich am Dachgriff festkrallte, nahm Luky ins Visier und fragte: »Wo willst du hin? Eine Flucht gehört nicht zu meinem Plan.«

»Gott sei Dank!«, rief Frida von hinten.

Der Bus stoppte an einem Rotlicht. Der schon leicht überhitze Motor dampfte in der kalten Luft.

»Einfach nur weg hier«, gab Luky zur Antwort und spielte mit dem Gas wie ein Formel-1-Fahrer vor dem Start.

Dann sprang die Ampel auf Grün, doch der Bus fuhr nicht los. Hinter ihnen hupten die Ersten ungeduldig. Hans schaute wieder zu Luky hinüber, dessen Kopf langsam Richtung Lenkrad sank. Sein Freund war tatsächlich eingenickt.

»Fahr!«, schrie Hans, was Luky aus dem Schlaf riss und instinktiv das Gaspedal durchdrücken liess, noch bevor er seine Augen wieder ganz geöffnet hatte.

Entsprechend sah er auch nicht, dass die Ampel in der Zwischenzeit schon wieder auf Rot gesprungen war. Aus der Querstrasse kam ein Motorrad geschossen, das dem Altersheimbus nur noch ganz knapp ausweichen konnte. Der Motorradfahrer staunte nicht schlecht, als er dem Fahrer des Busses den ausgestreckten Mittelfinger zeigte und sah, dass ein Samichlaus hinter dem Steuer sass.

Frida schrie: »Warum zum Henker fährt eigentlich der mit der Narkolepsie?!«

Hans drehte sich zu ihr um und fragte: »Hat jemand von euch einen Fahrausweis?«

Die Frauen schauten sich kopfschüttelnd an.

»Und du?«, fragte Frida zurück.

»Habe ihn mit fünfundsiebzig freiwillig abgegeben.«

Frida schüttelte den Kopf.

»Typisch«, murmelte sie.

Luky wählte die Überlandstrasse, die in Richtung Autobahn führte. Im Bus redete niemand. Maria hielt sich mit aller Kraft am Vordersitz fest und starrte auf die Tachonadel, die bei hundertzwanzig Kilometern pro Stunde zitterte, und das auf einer Strasse, auf der maximal achtzig erlaubt waren.

Frida merkte, dass es Maria immer schlechter ging, und auch sie selber, sonst mit einem Pferdemagen gesegnet, spürte, dass ihre Eingeweide zu rebellieren begannen.

»Fahr langsamer! Wir fallen so doch auf!«, rief sie von hinten, doch Luky schüttelte so vehement den Kopf, dass sein weisser, langer Bart hin- und herwippte.

Ein paar hundert Meter weiter vorn war schon die Auffahrt zur Autobahn zu sehen, als, hinter einem Busch versteckt, zweimal kurz hintereinander das rote Licht eines Radargerätes aufblitzte.

»Verdammt!«, fluchte Luky, und als er im Rückspiegel sah, wie ein Polizeiauto mit Blaulicht die Verfolgung aufnahm, doppelte er nach: »Verdammte Scheisse!«

Jetzt brach die totale Panik im Bus aus, Maria wimmerte.

Frida forderte Luky auf, noch mehr Gas zu geben, während Inge »Anhalten! Anhalten!« schrie.

Hans, der im Aussenspiegel das zuckende Blaulicht schnell näherkommen sah, bekreuzigte sich und stammelte: »Mein Gott, mein Gott …«

Luky seinerseits drückte das Gaspedal jetzt fast durch den rostigen Boden des Autos und lehnte sich nach vorn, als ob seine Position sich auf die Geschwindigkeit des Busses auswirken würde. Ohne den Gasfuss auch nur einen Millimeter anzuheben, liess er den alten Bus auf einen Kreisel zuschiessen.

»Festhalten!«, schrie er.

Luky riss am Lenkrad, und der Bus schlingerte gefährlich quietschend um den Kreisverkehr. Die Frauen kreischten, und Hans schloss mit seinem Leben ab.

Luky, der bis unter die Schädeldecke voll mit Adrenalin war, realisierte, dass er auf der Autobahn keine Chance gegen das viel schnellere Polizeiauto hatte. Doch wie so oft in Ausnahmesituationen schien die Zeit plötzlich viel langsamer zu vergehen. Alles bewegte sich wie in Zeitlupe. Und dann setzte ein weiteres Phänomen ein, an das sich Luky erst viel später erinnern sollte: Auch die Geräusche wurden leiser. Den im roten Bereich drehenden Motor des alten Busses hörte er praktisch nicht mehr, und auch die Schreie seiner Passagiere kamen nur noch wie durch Watte an seine Ohren. Dann sah er linkerhand einen dieser grossen Tankstellenshops mit Fast-Food-Restaurant und Autowaschstrasse, die in den Agglomerationen wie Pilze aus dem Boden schossen.

Und plötzlich erkannte Luky eine kleine Chance, eine ganz kleine. Im Rückspiegel sah er, dass die Polizei trotz Blaulicht um den Kreisel etwas Terrain einbüsste, und exakt in dem Moment, in dem ein Lastwagen die Sicht zwischen Polizeifahrzeug und Bus behinderte, riss Luky den Bus in die Einfahrt zum Tankstellenshop und bog in die freie Waschstrasse ein.

Noch während der Bus auf dem nassen Untergrund auf die ersten Waschwalzen zuschlingerte, drehte Luky das Seitenfenster runter und rief dem Angestellten der Waschstrasse zu: »Das volle Programm!«

Die beiden Polizisten fluchten über den polnischen Lastwagenfahrer, der ganz offensichtlich so in die Ansage seines Navigationssystems vertieft war, dass er die heranbrausende Polizei nicht bemerkt hatte. Oder vielleicht wollte er sie auch nicht bemerken, und die Aktion war eine kleine, persönliche Rache für einen Strafzettel, den er früher mal in der Schweiz bekommen hatte. Wie auch immer. Als die Polizei endlich an dem Sattelschlepper vorbei war und sich durch den Gegenverkehr geschlängelt hatte, war der alte Bus verschwunden. Über Funk informierten die Polizisten die Kollegen, dass sie auf der Autobahn einen alten VW-Bus mit dunkler Farbe – grau, braun oder schwarz – aufhalten sollten, gaben die Nummer des Kontrollschildes durch und bogen dann auf den Parkplatz der Raststelle ein. Das war die einzige andere Möglichkeit, wohin der Bus so schnell verschwunden sein konnte. Langsam fuhren sie den Parkplatz ab.

Die Bürsten der Waschanlage schlugen auf das Autodach des alten Busses, der wahrscheinlich zum ersten Mal in diesem Jahr gewaschen wurde. Unter dem Dreck kam nicht nur seine beige Farbe zum Vorschein, sondern auch ein verwitterter Schriftzug: »Altersheim Abendrot – für aktive Senioren«. Im Bus wurde heftig und gestenreich diskutiert, und es war klar, dass man sich nicht einig war, wie es weitergehen sollte.

Die Polizei drehte auf der Suche nach dem Fluchtwagen noch eine Runde um den Parkplatz, aber von dem alten Bus war keine Spur zu sehen. Wahrscheinlich hatte der Fahrer doch entschieden, sein Glück auf der Autobahn zu versuchen. Langsam fuhren sie vom Parkplatz in Richtung Tankstelle und Waschstrasse.

Der Bus hatte den letzten Posten in der Waschstrasse erreicht. Ein gigantischer Föhn pustete die letzten Wassertropfen weg.

Die Polizisten entdeckten auch an der Tankstelle nichts Verdächtiges und entschieden sich, zum Radar zurückzufahren. Hätten sie in diesem Augenblick in den Rückspiegel geschaut, wäre ihnen ein frisch gewaschener, beiger Bus aufgefallen, der mit beschlagenen Seitenscheiben aus der Waschstrasse rollte.

Frida wischte die Seitenscheibe frei und sah, wie sich der Polizeiwagen entfernte und zurück in die Hauptstrasse einbog. Dann fiel ihr Blick auf Maria, die bleich in ihrer Ecke sass: ein Häufchen Elend.

Luky schlug mit der Faust auf das Lenkrad.

»Das war verdammt knapp!«, rief er.

Hans, der sich nach seinem Fauxpas verpflichtet fühlte, wieder das Zepter zu übernehmen, schaute in die Gesichter seiner Freunde und meinte, dass eine Aussprache vonnöten wäre. Alle nickten, und Luky parkte den Bus ganz hinten auf dem Parkplatz, wo die Beleuchtung etwas schwächer war. Er stellte den Motor ab und drehte sich zu den anderen um.

»Wir ziehen die Kutten aus und stopfen sie hier in einen der Abfallbehälter. Und dann gehen wir was essen und besprechen alles. Einverstanden?«

18

»Ja, schick sie rein«, sagte Kommissar Studer in Richtung Tür seines Büros, als er den Hörer auf seinen Telefonapparat zurücklegte.

Studer, obwohl noch keine vierzig Jahre alt, hatte schon einen kahlen Schädel, doch er gehörte zu der kleinen Minderheit von Männern, die ohne Haare irgendwie besser aussahen. Nicht zuletzt darum nannte man ihn spasseshalber den Bruce Willis der

Kripo Zürich. Aber vielleicht auch, weil er über einen untrüglichen Spürsinn verfügte und ab und zu mal ein Auge zudrücken konnte. Der Fakt, dass er Single war und oft in attraktiver Begleitung gesehen wurde, tat wohl das Übrige zu seinem Image.

Für einen Sonntagabend war einiges los bei der Kripo. In der Vorweihnachtszeit lagen bei vielen ganz offensichtlich die Nerven blank, und die Polizei musste öfter ausrücken als zu jeder anderen Jahreszeit. Jetzt wurde die Tür zu Studers Büro im zweiten Stock der Kriminalpolizei Zürich aufgestossen, und herein kamen der ausgeraubte Bijoutier Peter Klein und der Wachmann Rolf. Letzterer steckte in einem viel zu kleinen Jogginganzug, den er von Klein bekommen hatte. Er sah schlicht und einfach lächerlich aus, was er wusste und ihn nur noch wütender auf diese »Scheiss-Samichläuse« – wie er sie nannte – machte. Studer stand auf und zeigte auf die beiden Stühle, die vor seinem Schreibtisch standen.

»Nehmen Sie bitte Platz, ich habe gerade mit den Kollegen in Küsnacht gesprochen. Eigenartige Geschichte.«

Peter Klein nickte.

»Ich kann es noch immer nicht glauben. Mein ehemaliger Lehrer! Das war mein ehemaliger Lehrer Hans Bolliger! Das nervige Klopfen mit dem Ring hatte er damals schon drauf.«

»Und diese Brutalität… Waffen in Fitzen… Verdammter Mist!«, ergänzte Rolf.

Die Tür öffnete sich, der junge Polizist Rast steckte seinen Kopf ins Büro und sagte: »Habe soeben ein paar Fotos bekommen.«

Kommissar Studer winkte ihn herein. Rast schaute sich die beiden Männer an, die da vor Studer sassen, und konnte sich ein Lächeln nicht verkneifen. Studer nahm die Unterlagen entgegen, warf einen Blick darauf und schaute dann Peter Klein an.

»Dank Ihrem Hinweis werden die Täter nicht weit kommen. Die Fahndung läuft auf Hochtouren. Wir hatten auch schon mit dem Altersheim Abendrot Kontakt, dem letzten bekannten Aufenthaltsort von Hans Bolliger. Er und noch vier weitere Bewohner werden dort seit heute Abend vermisst. Also wir denken, es ist klar, wer die Täter waren.«

Studer legte die Fotos vor Peter Klein und Rolf. Es waren schlechte Bilder, auf denen ein Grüppchen älterer Leute in lächerlichen Kostümen und mit viel Schminke im Gesicht zu sehen war. Auf dem einen Foto war zweifellos Hans Bolliger zu erkennen.

»Ja, das ist Hans, aber was sollen diese Kostüme, und wer sind die anderen?«

»Das sind Inge von Hellbach, Frida Pizetta und Maria Gerber. Die Aufnahmen stammen von der Seniorenbühne Abendrot. ›Der Besuch der alten Dame‹, Dürrenmatt. Bessere Fotos hatten sie auf die Schnelle leider nicht. Von Lukas Landolt, dem fünften der Bewohner, die im Heim fehlen, haben sie noch kein Foto, der wohnt erst seit kurzem im Altersheim.«

Peter nahm nochmals das Foto von Hans in die Hand.

»Ich verstehe das einfach nicht. Hans Bolliger war immer so ein absolut korrekter und netter Mensch. Etwas stimmt da nicht.«

Studer versprach den beiden Männern, dass die Polizei schon sehr bald wissen würde, was da los war. Das seien ja blutige Anfänger gewesen, und die machten in der Regel bald einen Fehler. Dann würde die Polizei zuschlagen.

Wachmann Rolf wurde das Gefühl nicht los, dass dieser Polizist die Sache nicht sehr ernst nahm und lieber auf seinem Allerwertesten an der Wärme sitzen bleiben würde. Zudem hatte der Typ so ein süffisantes Lächeln, das ihm total auf den Geist ging. Beim Verlassen des Büros drehte sich Rolf nochmals zu Studer um.

»Ich habe den Eindruck, Sie nehmen die ganze Sache auf die leichte Schulter, vielleicht sollte ich das ja auf meine Art lösen.«

»Machen Sie keinen Blödsinn», antwortete Studer.

Er konnte den Muskelprotz in seinem lächerlichen Outfit einfach nicht ernst nehmen, was er besser getan hätte.

Als Peter Klein und Wachmann Rolf die Kripo Zürich verliessen und vor der Tür unter dem Vordach noch eine Zigarette rauchten, räusperte sich Letzterer und sagte dann: »Äh … ich denke, wir sollten niemandem von der Presse oder so erzählen, was da in deinem Laden wirklich los war. Du verstehst … die pinken Handschellen … ich nackt und so.«

»Und dass der Überfall von meinem ehemaligen Lehrer, einem bald achtzigjährigen Rentner, und einer Frau, die nicht viel jünger sein kann, ausgeübt wurde.«

»Ja, das ist schon peinlich – aber hey, mit einer Waffe in der Hand wird selbst ein Hundertjähriger gefährlich!«

19

»Schalte auf die drei«, sagte der Chef der Star Security, der mit seinem Operator an einem grossen Schreibtisch sass, auf dem zehn Computermonitore Bilder von unzähligen Überwachungskameras lieferten.

Der leicht abgedunkelte Raum war die Zentrale der kleinen Firma, die sich auf die Sicherheit von Ladengeschäften spezialisiert hatte. Ein Geschäft, das richtig boomte, da immer mehr teure Geschäfte es als Statussymbol erachteten, einen Türsteher mit einem Knopf im Ohr an ihrer Ladentür stehen zu haben. Aber auch elektronische Überwachung war immer mehr gefragt.

»Näher! Da, der Typ im grauen Mantel!«

Der Operator bediente mit seinem Joystick eine ferngesteuerte Kamera in einem Kaufhaus und zoomte nun einen Mann mittleren Alters näher ins Bild. Jetzt war klar zu sehen, dass der Mann immer wieder etwas in seinen Manteltaschen verschwinden liess.

»Gib Ben Bescheid. Zugriff!«

Der Techniker drückte ein paar Tasten und leitete die entsprechenden Befehle weiter. Der alarmierte Wachmann vor Ort konnte kurz darauf den Ladendieb nach der Kasse festhalten und der Polizei übergeben. Falls der Verhaftete seine Tat leugnen sollte, hatten sie alles auf Video. Eine wasserdichte Sache. Der Chef und sein Operator klatschten sich gerade ab, wie sie das bei jeder Verhaftung taten, als hinter ihnen die Tür aufging und Wachmann Rolf eintrat.

Noch bevor er etwas sagen konnte, drehte sich der Chef auf seinem modernen Bürostuhl zu ihm hin und legte los: »Rolf, verdammte Scheisse! Was war das für eine miese Vorstellung?! Wegen dir verlieren wir noch sämtliche Kunden! Du Witzfigur!«

Der Operator konnte sich ein Grinsen nicht verkneifen, doch Rolf verstand nur Bahnhof und wurde wütend: »Erst werde ich fast mit einer abgesägten Schrotflinte abgeknallt, dann das ganze Theater bei der Polizei, und jetzt werde ich hier noch zusammengestaucht, was soll das?«

»Abgeknallt?! Ja leck mich … Du hast keine verdammte Ahnung, oder?«

»Wovon redest du?«

Der Chef gab dem Operator ein Zeichen, und der bediente seine Tastatur. Auf einem der Bildschirme startete das Video der Überwachungskamera aus der Bijouterie. Der ganze Überfall war in bester HD-Qualität aufgezeichnet worden. Inklusive des nackten Wachmanns und der pinken Handschellen. Jedes noch so kleine Detail. Rolf starrte entsetzt auf den Bildschirm.

»Verdammt! Woher habt ihr das?«

»Youtube, schon mehr als zehntausend Klicks«, sagte der Operator, ohne vom Bildschirm aufzusehen, »du bist der Star der Stunde!«

»Und wie kommt der Bullshit ins Netz?«

»Kannst dich beim Sohn des Bijoutiers bedanken.«

Auf dem Video war gerade zu sehen, wie der Schmutzli nach dem Überfall die vermeintliche Schrotflinte aus der Fitze zog und das Rohr zurück in den Rollator steckte.

»Fast abgeknallt, ich lach mit tot!«, sagte der Chef, stoppte das Video und schaute Rolf scharf an.

Der war jetzt total ausser sich und schrie: »Fuck! Ich reiss den alten Säcken den Arsch auf! Das lass ich nicht auf mir sitzen!«

»Nichts anderes erwarte ich von dir. So etwas lässt sich ein Wachmann meiner Firma nicht gefallen!«

Der Chef wandte sich dem Operator zu: »Und du grins nicht blöd! Du unterstützt Rolf mit allem, was wir haben! Verstanden?! Es geht auch um den Ruf unserer Firma.«

Der Operator nickte, und Rolf ging zu dem metallenen Waffenschrank, nahm einen Taser und seine halbautomatische Pistole mit entsprechender Munition vom Regal und steckte sie ein. Ohne ein weiteres Wort verliess er die Zentrale und stieg in seinen aufgemotzten Nissan 350 Z, der sein ganzer Stolz war. Mit Vollgas schoss er auf die Hauptstrasse. Er musste nochmals zurück nach Küsnacht und dort versuchen, die Spur der Alten aufzunehmen.

Diese Alten sassen zur selben Zeit inmitten von Jugendlichen in einem Schnellimbiss an einem kleinen Tisch, auf dem mehrere Schachteln mit Burgern, Pommes frites, Muffins und Donuts lagen. Aber irgendwie schienen sie nicht so richtig Appetit zu haben, mit Ausnahme von Frida, die genüsslich in einen riesigen Burger biss und mit vollem Mund erwähnte, dass das weiche Brot und das dünne Fleisch super für ihre dritten Zähne seien. Hans stocherte mit einer der labbrigen Fritten im Ketchup herum.

»Ich kann noch immer nicht glauben, dass mir das passiert ist. Ausgerechnet mir«, murmelte er mantraartig immer wieder vor sich hin.

»Was machen wir jetzt?«, fragte Inge, die das Essen skeptisch betrachtete. Bis jetzt hatte sie immer erfolgreich einen grossen Bogen um solche Fast-Food-Lokale gemacht.

»Was wohl?«, sagte Luky und stellte seinen grossen Becher Cola auf den Tisch. »Fakt ist, die wissen, wer wir sind. Wir haben keine Chance. Da läuft sicher schon eine Fahndung, wahrscheinlich sogar eine Ringfahndung.«

»Ha, ha, sehr witzig«, sagte Hans, der die Fritte jetzt ganz in das Ketchup warf.

Luky spielte geistesabwesend mit dem Trinkhalm in seinem Becher und sagte dann mehr zu sich selber: »Aber hey, wir habens wenigstens versucht. Es sollte nicht sein. Ich gehe so oder so nicht mehr ins ›Abendrot‹ zurück.«

Inge nickte zustimmend.

Maria, die noch immer ganz bleich war und nur ab und zu an ihrem Wasserbecher nippte, stand wortlos auf und ging Richtung Toiletten.

Frida rief ihr besorgt nach: »Alles in Ordnung, Maria?«

Maria nickte nur.

Frida schlug mit der Hand auf den Tisch, dass die Tabletts nur so schepperten.

»Aufgeben?! Und Maria stirbt dann allein in irgendeinem Spital? Nein, Freunde, das mache ich nicht, so wahr ich Frida Pizetta heisse. Wir haben das Geld, und jetzt fahren wir auch in die Berge. Basta!«

Hans, dem es sichtlich noch immer unwohl war in seiner Haut, dachte einen Moment nach und fragte dann: »Ja, und wie stellst du dir das vor?« Und nach einer kurzen Pause: »Übrigens, müsste Maria nicht schon längst zurück sein?«

Frida warf den letzten Rest ihres Burgers zurück in die Schachtel, wischte sich die Hände an den Hosen sauber und ging zu den Toiletten – doch die Kabinen waren alle leer. Auf der anderen Seite des Waschraums gab es einen zweiten Ausgang für die Leute, die draussen sassen. Sie rannte zur Tür und schaute in alle Richtungen. Nichts.

Verdammt, Maria war weg!

Während die Alten, so schnell sie konnten, aus dem Schnellimbiss rannten und nach Maria zu suchen begannen, betrat der Polizist Rast mit einem Computerausdruck in der Hand das Büro von Kommissar Studer, der in einem Espresso rührte und gleichzeitig in einen Bericht vertieft war. Rast ging zur Wand, an der die Fotos von Hans, Inge, Frida und Maria hingen, und befestigte den Ausdruck daneben: das Radarfoto von Luky.

»Ein schönes Trüppchen«, meinte er.

Studer stand auf, leerte den Espresso in einem Schluck und stellte sich neben Rast. Da hing es, das bisher fehlende Foto: Luky Landolt, im Samichlauskostüm, mit weissem Rauschebart und konzentriertem Blick. Die Tempoanzeige auf dem Radarfoto zeigte hundertzweiundzwanzig Kilometer pro Stunde, und das bei erlaubten achtzig.

Studer wollte wissen, ob Rast das Kennzeichen des Wagens schon an alle Streifenwagen durchgegeben hatte. Der nickte.

»Ja, und ich bin sicher, dass die uns noch heute Nacht irgendwo ins Netz gehen. Morgen können wir den Fall zu den Akten legen«, sagte er zuversichtlich. »Aber eins verstehe ich immer noch nicht.

Warum machen die so etwas? So schlecht ist unser Rentensystem doch auch nicht.«

Studer schüttelte gedankenabwesend den Kopf.

»Ich bin sicher, da steckt etwas ganz anderes dahinter. Aber wir werden die Antwort schon noch finden.«

Finden wollten Luky, Inge, Frida und Hans Maria, und das möglichst schnell. Luky fuhr langsam die Landstrasse entlang. Alle hielten durch die sich immer wieder beschlagenden Fenstern nach Maria Ausschau. Sie war weder auf dem Parkplatz noch bei der Tankstelle gewesen. Nichts.

»Denkst du, sie will zur Polizei?«, fragte Luky.

Frida fühlte sich angesprochen und sagte, ohne ihren Blick vom Fenster abzuwenden: »Ich weiss es nicht. Ich weiss nur, dass sie wohl noch nie in ihrem ganzen Leben etwas Illegales getan hat.«

Der Regen begann langsam in nassen Schnee überzugehen, der an der Frontscheibe des Busses kleben blieb.

»Wir müssen sie schnell finden, es wird immer kälter«, meinte Inge besorgt.

Doch in dieser Nacht gab es noch jemanden, der auf der Suche war. Auch Wachmann Rolf, der in seinem aufgemotzten Nissan auf der Autobahn unterwegs war, hielt Ausschau nach seinen Peinigern. Aus seinen überdimensionierten Lautsprecherboxen hämmerte Hardrock, als sein Handy klingelte. Die Freisprechanlage dämpfte die laute Musik automatisch, und Rolf nahm den Anruf an. Es war der Operator der Star-Security-Zentrale.

»Ich habe den Polizeifunk abgehört«, sagte er, »sie sind in einem VW-Bus mit Zürcher Nummernschild unterwegs. Sie kamen im Raum Schlieren in eine Polizeikontrolle und sind abgehauen. Ich schick dir die Nummer gleich per SMS. Hol sie dir – Piccolo!«

»Arschloch!«, antwortete Rolf auf diese Anspielung, klickte den Operator weg und drückte das Gaspedal durch. Der Nissan heulte auf und schoss in die dunkle Nacht davon.

Wäre Rolf auf der etwa fünf Kilometer entfernten Landstrasse unterwegs gewesen, hätte er auf die durchfrorene Maria treffen können, die gerade eine Kreuzung erreichte, die mit einer Ampel gesichert war. Geduldig wartete sie, bis es für die Fussgänger grün wurde. Auf der anderen Strassenseite gab es einen zu einer Pizzeria umgebauten Gasthof. Dort konnte sie sicher telefonieren und dem Spuk ein Ende setzen. Gerade als die Ampel auf Grün wechselte, stoppte der alte Bus des »Abendrots« neben ihr, und die seitliche Schiebetür wurde aufgerissen. Frida wollte schon aus dem Wagen springen, doch Hans hielt sie zurück. Frida verstand, was er meinte. Sie konnten Maria zu nichts zwingen.

»Maria, Gott sei Dank! Bitte steig ein. Komm, bitte!«
Hans kurbelte das Seitenfenster herunter.

»Komm, Maria, wir reden über alles«, sagte er, und auch Inge bat Maria inständig, einzusteigen.

Jetzt sprang die Ampel für Luky auf Grün, und aus den ersten Autos hinter ihnen war Hupen zu hören. Maria schaute ihre Freunde an und stieg dann vor Kälte zitternd in den Bus. Frida schob erleichtert die Tür zu, und Luky fuhr los. Hans kramte die alte Autoapotheke aus dem Handschuhfach und zog eine goldfarbene Rettungsdecke heraus, in die sie die schlotternde Maria einwickelten. Dankbar nahm sie einen Schluck aus Inges Flachmann, nicht nur gegen die Kälte, sondern weil sie jetzt all ihren Mut zusammennehmen musste, bevor sie zu sprechen begann.

»Ich hätte nie etwas von Weihnachten und den Bergen sagen dürfen.« Sie versuchte, zu lächeln. »Aber ich konnte ja nicht ahnen, wie verrückt ihr seid!«

Frida wollte etwas entgegnen, aber Maria hob ihre Hand und bat sie, zu schweigen.

»Nein, warte«, sagte sie, »lass mich Folgendes sagen: Noch nie hat jemand so etwas wunderbar Verrücktes für mich getan wie ihr. Noch nie. Aber…«, das Reden fiel ihr sichtlich schwer, und sie kämpfte mit den Tränen, »…aber wenn ihr wegen meines Traums von Weihnachten in den Bergen ins Gefängnis kommt, kann ich nicht in Frieden sterben. Bitte lasst mich irgendwo mit der Beute raus. Ich gehe zur Polizei und erkläre alles. Bis jetzt ist doch noch niemand zu Schaden gekommen…«

Frida klopfte Luky von hinten auf die Schulter und bat ihn, kurz anzuhalten. Luky bog von der Hauptstrasse ab auf einen Parkplatz bei einem kleinen, menschenleeren Bahnhof. Nur ein Taxi stand da und wartete auf Kundschaft.

Als der alte Bus zum Stehen kam, wandte sich Frida an Maria: »Mein Leben war kein Zuckerschlecken, und es hat mich hart und vielleicht auch etwas zynisch gemacht. Aber unter der rauen Schale, da habe ich oft Angst. Angst, allein in diesem verdammten Altersheim warten zu müssen, bis alles vorbei ist. Und ganz ehrlich, auch in den letzten Stunden habe ich mir schon dreimal fast in die Hosen gemacht vor Angst. Aber weisst du, ich habe mal wieder gespürt, dass ich lebe, und ich würde den ganzen Überfall genau so nochmals machen.« Sie schielte zu Hans und stupfte ihm in die Rippen. »Vielleicht mit ein, zwei kleinen Änderungen im Plan…« Dann öffnete sie die Schiebetür des Busses und fuhr fort: »Meine liebe Freundin, wenn du möchtest, dann steig aus, geh zu dem Taxi, das da steht, es fährt dich, wohin du willst. Das gilt übrigens für jeden von euch, der aussteigen möchte. Jetzt ist der letzte Moment dazu.« Frida heftete ihren Blick herausfordernd auf jeden einzelnen ihrer Freunde. »Aber auch ich gehe so oder so nicht mehr zurück ins ›Abendrot‹.«

Inge nahm noch einen Schluck aus ihrem Flachmann, schaute ihn betrübt an und meinte: »Wer bin ich eigentlich, dass ich mir Sorgen machen muss, mein Zimmer mit jemand Fremden teilen zu müssen, und in meinem Alter heimlich trinken muss?«

Frida schaute Luky an.

»Und du?«, fragte sie.

»Ich gehöre da eh nicht hin. Nur wegen dieser verdammten Krankheit. Aber wenn ich wach bin, will ich nicht nur Zombies sehen. Dann schlafe ich lieber!«

Hans, den noch immer das schlechte Gewissen plagte, räusperte sich und sagte dann: »Ich habe noch so viel Adrenalin in meinen Adern, dass ich seit Jahren zum ersten Mal keine Hüftschmerzen habe … und wenn alles schiefgeht, kann ich im Knast die Story von unserem Überfall schreiben, vielleicht wird das ja ein Bestseller.«

Alle schauten Maria an, und im Bus herrschte angespanntes Schweigen.

Maria griff nach dem Sicherheitsgurt, schnallte sich wieder an und sagte bestimmt: »Macht bitte jemand die Tür zu, damit wir weiterfahren können!?«

20

Um nicht weiter aufzufallen, fuhr der Bus jetzt in gemächlichem Tempo über die Autobahn in Richtung Bern. Luky schaute in den Rückspiegel und sah, wie Inge und Maria aneinandergelehnt dösten. Frida konnte er nicht sehen, aber umso besser hören. Ihr

Schnarchen war fast so laut wie der alte Dieselmotor in dem Bus. Hans hatte in der Zwischenzeit die Beute auf seinen Beinen ausgebreitet: ein paar Geldscheine und die sechs Uhren. Luky warf einen Blick auf das Diebesgut.

»Ist das alles?«, fragte er.

Hans nickte enttäuscht.

»Praktisch kein Geld, alle bezahlen wohl heutzutage mit Kreditkarte.«

»Das heisst, wir müssen die Uhren so schnell wie möglich zu Geld machen.«

»Aber zuerst brauchen wir ein Hotel«, sagte Hans mit einem Blick auf die schlafenden Frauen. »Fahr doch da vorn von der Autobahn runter«, schlug er vor.

Luky setzte den Blinker und bog in die Ausfahrt Bern City ein.

Nur ein paar Augenblicke später bretterte ein aufgemotzter Nissan mit überhöhter Geschwindigkeit an derselben Ausfahrt vorbei, weiter durch die Nacht in Richtung Biel.

Der alte Bus erreichte Bern, fuhr in die Altstadt und stoppte vor einer kleinen Pension.

Hans drehte sich vom Beifahrersitz nach hinten und rief: »Ladys, aufwachen!«

Verschlafen und mit steifen Gelenken reckten sich die Frauen in ihren Sitzen.

»Also, ich habe mir in der Zwischenzeit…«

»Ich glaub, ich weiss, was jetzt kommt«, unterbrach Frida Hans.

»… einen Plan überlegt«, machte der seinen Satz fertig.

Frida nickte müde.

»Die Polizei sucht nach fünf alten Leuten, das heisst, wir teilen uns auf. Ihr drei Frauen geht da drüben ins Hotel Bären und nehmt da ein Zimmer.« Hans zeigte auf die andere Seite der Gasse und fuhr fort: »Luky und ich gehen in die Pension dort. Morgen um acht treffen wir uns wieder hier. Gute Nacht.«

Hans gab Frida etwas Geld aus der Beute. Wortlos und erschöpft nickten die fünf einander zu und waren alle froh, die Nacht nicht im Bus oder gar in einer Gefängniszelle verbringen zu müssen.

Hans lag auf dem Bett der kleinen, aber sauberen Pension. An der Rezeption hatte sie ein älterer Herr in Empfang genommen, der es mit den Formalitäten nicht so genau nahm und auch keine Ausweise sehen wollte.

Luky nahm sich eine Dose Bier aus der Minibar und schaute nachdenklich über die regennassen Dächer der Berner Altstadt in Richtung Bundeshaus.

Ohne Hans anzuschauen, fragte er: »Und jetzt? Wir müssen so schnell wie möglich die Uhren verkaufen. Aber wo finden wir einen Hehler? Die stehen ja kaum im Telefonbuch.«

Hans, der am Ende seiner Kräfte angelangt war und schon wegdöste, murmelte ein unverständliches »Morgen«.

Luky drehte sich vom Fenster weg und zupfte Hans am Fuss.

»Nichts morgen, wir haben keine Zeit!«

Ohne die Augen zu öffnen, brabbelte Hans weiter: »Morgen … beim Barbier … muss mir das erst überlegen …«

Luky wurde langsam wütend, ging zur Minibar, entnahm ihr einen Energydrink, riss die Lasche auf und rüttelte Hans wach.

»Trink!«, sagte er, keine Widerrede duldend.

Hans sah in Lukys einer Hand eine Büchse Bier und in seiner anderen eines dieser neumodischen Getränke. Instinktiv griff er im Halbschlaf nach dem ihm vertrauten Bier, doch Luky schüttelte den Kopf und drückte ihm die schlanke Aludose mit dem

Energydrink in die Hand. Hans nahm einen Schluck und begann zu husten.

»Igitt, was ist das für ein klebriges Zeug!«

»Runter damit!«

»Willst du mich umbringen?«

»Ich brauch dich jetzt wach. Was ist das für eine Geschichte mit dem Barbier? Was für ein Barbier?«

Hans setzte sich auf und nahm nochmals vorsichtig einen Schluck.

»Unglaublich, wie süss das ist. Ich glaube, mein Bedarf an Zucker ist bis Ende Jahr gedeckt.«

Er wollte die halbvolle Dose auf den kleinen Nachttisch stellen, doch Luky drückte sie ihm wieder in die Hand.

»Austrinken!«

»Du bist schlimmer als jede Krankenschwester!«

Hans trank den Rest und stand auf.

»Und jetzt rück raus, was ist dein Plan?«, wollte Luky wissen.

Hans schlüpfte in seine Schuhe und packte die Uhren in seine Jackentasche.

»Liest du keine Zeitung? Übrigens, du siehst so unrasiert aus wie ein Verbrecher.«

»Ich verstehe kein Wort«, antwortete Luky.

Hans, der schon die Zimmertür öffnete, zeigte auf den leeren Energydrink und sagte: »Musst halt auch mal so ein Zeugs trinken statt immer nur Bier.«

Die Nacht war kalt. In den Pfützen der Strasse bildete sich eine dünne Eisschicht. Luky und Hans knöpften ihre Mäntel bis ganz oben zu und gingen durch die weihnachtlich geschmückten Lauben und Gassen. Dann blieb Hans plötzlich vor einem der Zwanzig-Franken-Barbershops stehen, die meist auch bis spät abends offen hatten. Kein Kunde war im Laden, aber vier junge Männer standen herum, rauchten, tranken Tee aus kleinen Tassen und hörten orientalischen Rap.

Hans zog den verblüfften Luky hinter sich her in den Laden. Einer der jungen Männer kam auf sie zu und begrüsste sie lächelnd mit einem Nicken.

Hans zeigte auf Luky mit seinem stoppligen Bart und sagte: »Wir hätten eine schöne Rasur nötig.«

Der junge Mann schaute die beiden verwundert an.

»Um diese Zeit? Habt ihr noch was vor?«, fragte er in perfektem Berndeutsch und wies ihnen zwei nebeneinanderstehende Stühle zu. Während er ihre Gesichter einschäumte, fragte er weiter: »Gehts noch auf die Gasse?«

»Ja, vielleicht noch was jagen …«, sagte Luky, ohne seinen Mund zu bewegen, da ihm der Barbier das scharfe Messer an den Hals hielt und mit der Rasur begann.

»Ah, solche seid ihr also«, fuhr der junge Mann mit seinem Small Talk weiter und zwinkerte Luky durch den Spiegel zu.

»Hast du gemeint, wir gehören zu denen, die in einem öden Altersheim hocken und langsam verrotten?«, fragte Hans.

Der Barbier lachte und klopfte ihm auf die Schulter.

»Nein, so seht ihr wirklich nicht aus.«

Mit flinken Händen rasierte er Hans und Luky perfekt und war sichtlich mit seinem Werk zufrieden. Während er die scharfe Klinge abwischte, fragte er sie, welchen Rasierduft sie wünschten. Zur Auswahl standen Lavendel, Minze und Leder.

Beide entschieden sich schnell für den herben Lederduft, und während der Barbier das feine Aftershave in ihre Wangen einmassierte, meinte er erklärend: »Das tut der Haut so richtig gut.«

Hans drehte sich ein wenig in seine Richtung und sprach etwas leiser: »Hättest du auch noch was für die Nase?«

Der Barbier stutzte.

»Wie bitte?«

Hans zog die Luft scharf durch seine Nase.

»Du verstehst schon. Weihnachten. Schnee und so.«

Schnell beendete der Barbier die Rasur und meinte: »Geht in den ›Drive Club‹, unten an der Aare.«

Als die beiden Männer frisch rasiert und wunderbar nach Leder duftend zurück in die kalte Winternacht traten, zog der Barbier sein Handy aus seiner Jeans und wählte eine Nummer. Hans und Luky gingen die Altstadt hinunter in Richtung Aareufer.

Zur selben Zeit sass Maria bereits im Bett und schluckte ihre Pillen, die sie immer bei sich trug, mit etwas Wasser hinunter. Inge war im Bad, und Frida war bis jetzt auf ihrem Bett in dem kleinen Dreibettzimmer gesessen. Auch bei ihnen war das Einchecken problemlos verlaufen, obwohl Inge zuerst auf einem Einzelzimmer für sich bestanden und sich geweigert hatte, gemeinsam mit ihren Freundinnen zu übernachten. Doch dann war sie einfach zu müde für lange Diskussionen gewesen – eine Nacht würde sie schon überstehen.

Nun klopfte Frida zum wiederholten Male an die Badzimmertür, die Inge von innen verriegelt hatte, um ihre Ruhe zu haben.

»Sag mal, wie lange dauert das noch? Du gehst nicht auf einen Ball, sondern ins Bett. Ich mach mir gleich in die Hose! Bei mir ist da unten nicht mehr alles so dicht wie früher.«

Endlich drehte sich der Schlüssel im Türschloss, und Inge öffnete. Frida trat einen Schritt zurück und liess einen Furz. Inge schüttelte angewidert den Kopf.

»Musst du immer so vulgär sein?«

Frida war schon fast im Bad, stoppte auf der Türschwelle und schaute zurück.

»Ich hatte eben nicht mein ganzes Leben lang einen goldenen Löffel oder einen reichen Schwanz im Mund.«

Dann liess sie die Tür mit lautem Knall ins Schloss fallen. Mit einem Lächeln auf dem Gesicht setzte sie sich auf die Toilette und zog eine zerknitterte Packung Zigaretten aus ihrem BH. Genüsslich zündete sie einen Glimmstängel an und blies den Rauch gegen die Decke des Badzimmers. Neugierig warf sie einen Blick in Inges kleines Necessaire mit all den Tuben und Töpfchen mit Inhalten, von denen sie noch nie etwas gehört hatte. Offenbar schleppte Inge das ganze Zeugs immer in ihrer Handtasche durch die Gegend. Frida stand wieder auf, öffnete den Toilettendeckel und schnippte den Zigarettenrest in die Schüssel. Nachdem sie sich etwas Wasser ins Gesicht gespritzt und den Mund mit einem Schluck Wasser gespült hatte, ging sie zurück ins Schlafzimmer.

Marias Schmerz- und Schlaftabletten wirkten bestens. Sie atmete tief und schnarchte leicht.

Doch Inge war verschwunden.

Laute Technomusik hämmerte aus dem »Drive Club«. Davor lungerten ein paar junge Typen herum. Ein kleines Grüppchen rauchte unten an der Aare einen Joint. Luky und Hans schauten sich verloren um. Da löste sich aus dem Grüppchen ein Typ, kam auf die beiden Alten zu und baute sich selbstbewusst vor ihnen auf.

»Habt ihr euch verlaufen? Ah, ich sehe, ihr seid frisch rasiert... Sucht ihr etwas zu rauchen oder Schnee?«

»Keinen Schnee, wir fahren bald in die Berge«, sagte Luky, der jetzt ebenfalls mit aufgeblähtem Brustkorb dastand und den jungen Dealer musterte.

»Komiker?«, fragte dieser zurück.

Hans zog eine der Rolex-Uhren aus seiner Jackentasche und zeigte sie dem jungen Mann.

»Wer hätte hier an so etwas Interesse?«

Der Dealer zog sein Handy aus der Tasche, wählte die Taschenlampenfunktion und schaute sich die Uhr genau an.

»Oder ist das eine Nummer zu gross für dich?«, provozierte Luky, dem seine Rolle sichtlich gefiel.

Der junge Typ würdigte ihn keines Blickes, wandte sich Hans zu und sagte: »Schönes Teil, kommt mit.«

Hans und Luky warfen sich einen fragenden Blick zu und folgten dem Dealer zu einem Seiteneingang des Klubs. Der junge Mann klingelte zweimal kurz und einmal lang. Der Türsummer ertönte, und der Dealer öffnete die Tür.

»Wartet hier!«, befahl er und verschwand im Eingang.

Hans ging nervös ein paar Schritte auf und ab.

»Hast du Angst, oder ruft deine Prostata?«, wollte Luky wissen.

»Beides«, meinte Hans. »Ich hoffe, wir machen keinen Fehler.«

Bevor Luky antworten konnte, kam der Dealer zurück.

»Er hat nur kurz Zeit – und ich hoffe, dass eure Ware gut ist, sonst wird das ein schmerzhafter Abend für euch …«

Mit einem Kopfnicken forderte er Luky und Hans auf, ihm zu folgen. Sie betraten das Haus und gelangten durch einen dunklen Gang zu einem Hinterzimmer, von wo es süsslich nach Hasch roch. Der Dealer öffnet die Tür, und die beiden Alten traten ein.

»Good luck«, sagte der junge Mann mit einem schmutzigen Lächeln und liess sie allein in dem Zimmer, das mit auffallend edlen Möbeln teuer und geschmackvoll eingerichtet war.

Aus einer sehr exklusiven Stereoanlage hämmerte französischer Rap. Die Tür eines angrenzenden Raumes öffnete sich, und ein elegant gekleideter Mann in eng geschnittenem Anzug mit rund zehn Zentimetern zu kurzen Hosenbeinen kam auf sie zu. Seine nackten Füsse steckten in teuren, goldbestickten Loafers. Die Frisur und der Hipsterbart waren perfekt getrimmt. Um den Hals trug er einen weissen Seidenschal, der ihm wohl den Anschein eines Künstlers geben sollte.

Wie lächerlich sah denn das aus, dachte Luky. Der Bart aus dem Ersten, die Frisur aus dem Zweiten Weltkrieg, dazu Hochwasserhosen, ein Fetzen Stoff um den Hals und dann auch noch Finken. Unmerklich schüttelte er den Kopf.

»Montrez-moi!«, sagte der Hipster.

Luky blickte fragend zu Hans. Der legte die sechs Rolex-Uhren auf einen edlen Mahagonitisch. Der Hipster warf einen Blick auf die Uhren und dann auf die beiden Männer.

»Wie heiss sind die?«, fragte er mit einem starken französischen Akzent.

»Die sind besser als Gold. Ich habe Immobilien, Oldtimer und Uhren gesammelt. Die Häuser hat meine Ex bekommen, die Oldtimer verrosteten oder endeten an einem Baum, nur diese Uhren sind mir geblieben«, erwiderte Luky spontan.

»Mir kommen gleich die Tränen«, sagte der Hipster, schaute Hans an und ergänzte: »Dreissig für alle.«

»Wir haben mehr so an vierzig bis fünfzig gedacht.«

»Achtundzwanzig.«

»Äh … aber«, wollte Luky intervenieren.

»Fünfundzwanzig.«

Hans streckte dem Hipster schnell die Hand entgegen.

»Gemacht.«

Der Hipster wollte nichts von einem Handschlag wissen, sondern drehte sich um und öffnete einen kleinen Wandsafe, der hinter einer Warhol-Lithografie versteckt war. In dem Tresor lagen fein säuberlich zehn Bündel mit Hunderternoten, mehrere Plastikbeutel mit weissem Pulver und eine Pistole. Er nahm zwei Geldbündel heraus und legte sie vor Hans auf den Tisch.

»Voilà.«

Hans schaute auf die Geldscheine und dann den Hipster an.

»Aber das sind nur zwanzig… So nicht!«

Hans streckte seine Hand aus und wollte die Uhren wieder vom Tisch nehmen, doch umgehend zog der Hipster ein edles Springmesser aus seiner Tasche und rammte es zwischen die Finger von Hans in den teuren Tisch. Hans riss seine Hand geschockt zurück. Der Hipster zog die scharfe Klinge aus dem Tisch, ging auf Hans zu und hielt ihm das Messer an den Hals.

»Der Tisch hat mehr als zwanzig gekostet. Jetzt ist er ruiniert. Ich behalte die Uhren, und wir sind quitt. Und nun verpisst euch!«

Hans war ausser sich und wollte etwas erwidern, doch der Hipster drückte ihm die scharfe Klinge nur ganz leicht gegen den Hals, und schon begann das Blut zu laufen.

»Ich sagte, wir sind quitt.«

In dem Moment hörte der Hipster hinter sich das Klicken eines Entsicherungshahns. Er drehte sich um und schaute in den Lauf seiner Pistole, die eben noch im Safe gelegen hatte und sich nun in Lukys Hand befand.

»Langsam das Messer fallen lassen«, sagte Luky. »Und kein Scheiss, ich war Offizier des Panzergrenadierbataillons 33.«

Der Hipster konnte kaum glauben, was er da sah, aber der Alte schien wirklich mit der Pistole umgehen zu können. Langsam liess er das Messer fallen. Im letzten Moment konnte Hans seinen Fuss wegziehen, denn genau da, wo dieser sich eben noch befunden hatte, steckte jetzt das Messer zitternd im Holzboden.

»Setzen!«, befahl Luky.

Der Hipster ging langsam zu einem der Designerstühle und setzte sich. Seine dunklen Augen funkelten wütend.

»Das wirst du nicht überleben, Opa«, zischte er.

Luky schaute Hans an und zeigte auf das Kabel der luxuriösen Stereoanlage. Hans nickte und ging zu dem teuren Gerät.

»Nicht das von meiner Anlage, Mann!«, presste der Hipster hervor.

Doch nach der Messerattacke war es Hans ein ausserordentliches Vergnügen, das Kabel aus der teuren Anlage zu reissen. Sofort verstummte der Rap. Hans fesselte den Hipster mit dem Kabel an seinen edlen Stuhl. Dann schaute er sich um und fand, was er gesucht hatte. Aus einer Designerschale nahm er eine Banane, stopfte sie dem Hipster als Knebel quer in den Mund und fixierte sie mit dem weissen Seidenschal. Danach holte er die Uhren und die zwei Bündel Hunderternoten vom Mahagonitisch und steckte beides ein.

Luky blickte zum offenen Safe und zurück zu Hans.

»Was denkst du, sind die Uhren wirklich wert?«

Hans wiegte seinen Kopf hin und her.

»Fünfzig vielleicht.«

Luky nickte.

»Klingt realistisch.«

Er legte die Waffe zurück in den Tresor und zog drei weitere Bündel Hunderter heraus. Den Rest liess er liegen.

Beim Hinausgehen drehte er sich zu dem gefesselten Hipster um und verabschiedete sich: »Jetzt sind wir quitt! Au revoir.«

Vor dem »Drive Club« wartete der junge Dealer.

»Und? Einig geworden?«, wollte er wissen.

Hans nickte ihm zu und meinte: »Wir sind quitt.«

»Hast du ein Handy?«, fragte Luky den Dealer.

Der zog ein billiges Wegwerfhandy aus seiner Tasche und reichte es ihm. Nachdem Luky eine Nummer gewählt hatte, ging er mit dem Handy am Ohr ein paar Schritte in Richtung Aare hinunter. Hans hatte keine Ahnung, was er vorhatte, und konnte auch nicht hören, was er sagte. Bald war sein Freund wieder zurück und drückte dem Dealer das Telefon in die Hand.

»Danke. Dein Boss ist übrigens sehr zufrieden mit dir.«

Der Dealer lächelte stolz und steckte Luky eine kleine Portion Gras in die Tasche.

»Ist gut gegen Altersbeschwerden«, meinte er und zwinkerte Luky zu.

Hans und Luky stiegen die Treppe zur Altstadt hoch, als sie aus der Ferne Polizeisirenen hörten.

Hans blieb kurz stehen, sein Atem ging schnell.

»Hast du … hast du etwa …?«

Luky lächelte schelmisch und meinte: »Ja, ich dachte, wir brauchen für alle Fälle ein paar Pluspunkte bei der Polizei.«

Luky und Hans kamen in Hochstimmung zu ihrer Pension zurück, nachdem sie sich unterwegs zwei, drei Bierchen gegönnt hatten, in der Überzeugung, dass jetzt, mit so viel Geld, alles glattgehen würde. Umso mehr waren sie erstaunt, vor ihrer Pension Frida und Maria stehen zu sehen. Von einer Sekunde auf die andere schlug die gute Laune in Panik um.

»Was zum Teufel macht ihr hier?«, wollte Hans wissen.

Frida hustete, aber mehr aus Verlegenheit denn aus Atemnot.

»Inge ist weg«, antwortete sie.

»Was? Inge ist weg? Warum?«, wollte Luky wissen.

»Wir haben uns gestritten.«

»Wann?«, fragte Hans weiter.

»Vor ein paar Stunden, ich …«

»Will ich gar nicht wissen«, winkte Luky ab, »aber ich kann mir vorstellen, wo sie sein könnte.«

Während ein Grüppchen von vier Rentnern in der Berner Altstadt von Bar zu Bar zog, lehnte Wachmann Rolf vor einem Tankstellenshop an seinem Auto und trank eine Cola. Eine Clique Halbstarker kletterte aus einem BMW. Auf ihre Handys starrend, schlenderten sie an ihm vorbei. Einer von ihnen blickte kurz auf, blieb dann stehen und fingerte an seinem Smartphone herum. Schliesslich winkte er seine Kollegen zu sich. Gespannt schauten alle auf das Display seines Handys und lachten dann laut los.

Prustend zeigten sie auf Rolf und riefen: »Der Stripper, so geil!« Einer begann, ihn mit dem Handy zu filmen.

Rolf zerknüllte die leere Cola-Dose, warf sie nach den Jungen und brüllte: »Gleich gibts auf die Fresse!«

Die Kids rannten lachend zum Tankstellenshop. Rolf öffnete den Kofferraum seines Autos und nahm ein altes Baseballcap heraus, das er sich tief ins Gesicht zog, bevor er wieder in seinen Nissan stieg und losfuhr.

Schon zweimal war er die Strecke zwischen Zürich und Bern abgefahren. Er fuhr bei verschiedenen Ausfahrten von der Autobahn runter, drehte eine Runde in irgendeinem verschlafenen Nest, immer auf der Suche nach einem alten Bus, der irgendwo geparkt war – bis jetzt ohne Glück. Das alte Pack war wie vom Erdboden verschwunden, und auch das Abhören des Polizeifunks brachte ihn nicht weiter. Er musste auf den Zufall oder einen Fehler der Alten hoffen. Aber eines wusste er: Aufgeben war keine Option. Mit der Schmach konnte er sich nirgends mehr sehen lassen. Als Rolf diesmal auf die Autobahn einbog, setzte ein nasser Schneefall ein.

Aber nicht nur auf der A3 schneite es, sondern auch in der Münstergasse in Bern. Hans, Luky, Frida und Maria kamen aus dem »Diagonal«. Wieder nichts. Doch Luky war nach wie vor überzeugt, dass sie auf der richtigen Spur waren. Obwohl sie alle froren, wollte keiner aufgeben. In einer kleinen Seitengasse blinkte ein Neonschriftzug: »Blue Cat«. Luky zeigte auf die Bar und schaute dann in die müden Gesichter seiner Freunde.

»Noch die, und dann gehen wir schlafen«, sagte er.

Alle nickten, ohne ein Wort zu sagen.

Hans öffnete die Eingangstür, und sie waren froh, von dem kalten Schneeregen in die warme Bar zu kommen. Nur wenige Tische waren besetzt. An einem, ganz nahe der kleinen Bühne, sass ein Geschäftsmann in einem teuren Anzug. Seine Krawatte war gelockert, der Knoten weit hinuntergezogen, die obersten Knöpfe seines Hemds geöffnet. Auf dem kleinen Tisch standen ein Eiskübel, in dem eine leere Flasche Champagner umgekehrt im Eiswasser steckte, und zwei halbleere Gläser. Der Mann schaute gespannt, wie der rote Samtvorhang vor der Bühne zur Seite ruckelte und ein Scheinwerfer die Szene erhellte. An einem kleinen Flügel sass ein alter Pianist, der auf das Zeichen von Inge wartete, die sich eine rote Federboa um den Hals geschlungen hatte. Die Zigarette, die sie in der einen Hand hielt, steckte in einem langen, silbernen Mundstück. In der anderen Hand hielt sie ein Mikrofon. Sie nickte dem Mann am Klavier zu, nahm einen langen Zug von der Zigarette und blies den Rauch ins Licht des Scheinwerfers.

Die ersten Töne von Edith Piafs »La vie en rose« klangen durch die kleine Bar. Dann begann Inge zu singen, und innert Sekunden hatte sie die ganze Aufmerksamkeit aller Gäste. Sogar der Alkoholiker an der Bar, der bis jetzt ausdruckslos in sein Bier gestarrt hatte, schaute auf die Bühne. Inge war zweifellos in ihrem Element, und ihre Freunde, die bei der Tür stehen geblieben waren, trauten weder ihren Augen noch ihren Ohren. Inge war einfach umwerfend.

Als der letzte Ton verklungen war, applaudierten alle, am lautesten das Grüppchen beim Eingang. Inge warf dem Geschäftsmann eine Kusshand zu, schwebte die kleine Treppe von der Bühne hinunter und legte ihm die Federboa um den Hals. Hans gab Frida einen sanften Stoss in den Rücken. Nach einem wütenden

Blick zurück ging sie auf Inge zu. Die beiden Frauen redeten ein paar Worte miteinander, und dann umarmten sie sich. Hans und Luky nickten sich zu. Inge nahm ihr Champagnerglas vom Tisch und leerte es in einem Zug. Dann fuhr sie dem edlen Spender mit der Hand lasziv durch seine Haare und gab ihm ihre Zigarette. Ihr Verehrer nahm einen Zug aus dem langen Mundstück und lächelte ihr zu.

Inge winkte, hakte sich bei Frida unter, und gemeinsam gingen sie zu ihren Freunden.

Hans machte einen Schritt auf Inge zu, schaute sie mit einer Mischung aus Wut und Bewunderung an und meinte dann: »Was sollte das? Einfach abhauen …«

Inge lächelte nur und fuhr mit ihrem Finger über seinen Hals, wo der Hipster ihm mit dem scharfen Springmesser die Haut aufgeritzt hatte.

»Du hast dich beim Rasieren geschnitten, mein Lieber.«

 21

Wachmann Rolf taten noch immer alle Knochen weh. Er hatte nur ein paar Stunden im Auto geschlafen. Eigentlich nur gedöst, es war einfach zu kalt, und die teuren Schalensitze waren zum Schlafen absolut ungeeignet. Der dampfende Kaffee, den er sich in der Raststätte aus dem Automaten gelassen hatte, schmeckte zwar übel, aber er war zumindest heiss, und nur das zählte im Moment. Da klingelte sein Handy. Der Operator aus der Zentrale meldete sich aufgeregt, er schrie fast ins Telefon.

»Fahr zum ›Drive Club‹ in Bern, die Alten müssen dort gewesen sein! Im Polizeifunk haben sie was von einem gefesselten Drogenboss und Rolex-Uhren gesagt. ›Drive Club‹! Los!«

Auch im Berner Café Stefani dampfte Kaffee. Feiner Cappuccino stand vor den Mitgliedern der »Sonnenuntergäng«.

Frida tunkte ihr Croissant in den Milchschaum, mitten in das Herz aus Schokoladenpulver. So konnte man sich das gefallen lassen, dachte sie.

Hans schaute in die Runde, alle assen mit grossem Appetit.

»Also?!«, sagte er ernst, »wir sind uns alle einig, keine Extratouren mehr.«

Sein Blick ging zu Inge, die ihm zulächelte und nickte.

Luky häufte safrangelbes Rührei auf seinen Toast und summte leise den Schlager mit, der aus den kleinen Boxen an der Decke des Cafés zu hören war. Ja, sie liessen es sich gut gehen, da gab es keinen Zweifel.

Plötzlich wurde Maria ganz bleich, ihre Hand, die ein Glas mit frisch gepresstem Orangensaft hielt, begann zu zittern. Der Saft spritzte über den ganzen Tisch.

»Maria! Was ist los?«, fragte Frida besorgt.

»Brauchst du einen Arzt?«, wollte Hans wissen und stand auf.

Doch Maria schüttelte den Kopf und zeigte auf einen Mann, der ihr gegenüber in einer Ecke sass und des Schweizers liebstes Revolverblatt las. Auf der Frontseite stand in grossen fetten Lettern: »Das sind die Samichlausräuber!« Darunter prangten ihre alten Theaterfotos.

»Verdammt!«, zischte Frida.

Luky zog seine prall gefüllte Brieftasche hervor.

»Geht zum Bus, aber langsam und unauffällig. Ich bezahle und komme dann nach.«

Alle nickten. Frida steckte noch zwei Brötchen in ihre Handtasche, und dann verliess das Grüppchen mit gesenktem Blick das kleine Café. Luky beglich die Rechnung mit einem grossen Trinkgeld, da er keine Lust hatte, auf das Rückgeld zu warten. Als er zum Bus kam, sah er, dass seine Freunde die alte Karre anstarrten, als sähen sie das Gefährt zum ersten Mal.

»Was ist?«

Jetzt sah es auch Luky. Die luxuriöse Waschstrasse hatte einen tollen Job gemacht. All der alte Dreck war weggewaschen, und jetzt bei Tageslicht konnte man die verwitterte Aufschrift auf dem Bus wieder lesen: »Altersheim Abendrot – für aktive Senioren«.

Inges Blick richtete sich auf Hans, sie musste kein Wort sagen. Er wusste, dass von ihm ein genialer, neuer Plan gefordert wurde. Hans sah sich nervös um. Dann entdeckte er ganz in der Nähe ein kleines Bastelgeschäft.

»Luky, geh dort in den Laden und kauf ein paar Spraydosen.« Er drehte sich zu den Frauen. »Und ihr steigt in den Bus – und Köpfe runter!«

Doch nicht nur die Gäste im Café lasen die Zeitung, sondern auch eine junge Frau, die eine der gesuchten Seniorinnen kannte und das unbedingt mit der Polizei besprechen wollte. Kommissar Studer war noch am Telefon, als Polizist Rast sie in sein Büro begleitete und gleich wieder verschwand. Kommissar Studer beendete das Gespräch, stand auf und ging auf die Frau zu.

»Sie müssen Steffi Gerber sein, die Enkelin von Maria Gerber.«

Steffi nickte und zeigte auf ein Foto an der Wand.

»Ja, das ist meine Grossmutter.«

»Interessant«, sagte Studer, »nehmen Sie doch bitte Platz.«

Er zeigte auf den Stuhl vor seinem Schreibtisch. Steffi setzte sich, und Studer lehnte sich an die Wand mit den Fotos.

»Ich kann Ihnen aber sagen«, redete Steffi weiter, »meine Grossmutter hat mit dem Überfall bestimmt nichts zu tun, das passt einfach nicht zu ihr. Niemals.«

»Wann haben Sie zuletzt mit ihr gesprochen?«, fragte Studer und setzte sich ihr gegenüber an seinen Schreibtisch.

Steffi rutschte ein wenig auf ihrem Stuhl hin und her, die Antwort war ihr offensichtlich peinlich.

»Vor fast zehn Jahren. Ich hatte keine Ahnung, dass sie nicht mehr in ihrer Wohnung lebt und jetzt im Altersheim ist.«

»Darf ich fragen, warum Sie Ihre Grossmutter so lange nicht gesehen haben?«

»Lange Geschichte – das hat sicher nichts mit dem Überfall zu tun.«

»Und warum, glauben Sie, hat Ihre Grossmutter mit den andern da auf den Fotos diese Bijouterie ausgeraubt?«

»Das ist es ja. Omi kann das einfach nicht gewesen sein. Sie würde jedes gefundene Portemonnaie zum Fundbüro bringen, auch wenn sie selber kein Geld mehr hätte. So eine ist sie.«

»Und Ihre Mutter ist die Tochter von Maria Gerber?«

Steffi nickte.

»Hatte sie noch Kontakt mit Frau Gerber? Oder Ihr Vater?«

Steffi verschränkte ihre Arme vor der Brust.

»Ich hab keine Ahnung, wer mein Vater ist, und über meine Mutter wissen Sie wahrscheinlich mehr als ich, Sie finden sie sicher in Ihren Akten. Ihr habt ihr damals wegen ein paar Gramm Drogen das Leben kaputtgemacht.«

Studer nickte, tippte etwas in seinen Computer und starrte dann auf den Bildschirm.

»Das waren nicht nur ein paar Gramm Drogen, die Liste der Straftaten ist ziemlich lang«, sagte er schliesslich und richtete seinen Blick wieder auf die junge Frau ihm gegenüber.

Steffi schaute ihn erstaunt an.

»Darf ich das auch sehen? Vielleicht verstehe ich dann besser, was damals geschah.«

Studer überlegte einen Moment.

»Eigentlich nicht, aber ich gehe uns jetzt einen Kaffee holen und vergesse wohl, das Bildschirmfenster zu schliessen.«

Er stand ohne ein weiteres Wort auf und verliess das Büro. Steffi ging schnell um den Schreibtisch herum und begann zu lesen. Sie konnte es kaum fassen. Sie spürte, wie Wut und Ohnmacht in ihr aufstiegen. Warum nur hatte ihre Grossmutter das nie erzählt?!

Studer kam mit zwei Kaffeebechern zurück. Er stellte sie auf den Schreibtisch und setzte sich wieder.

»Also keine einfachen Familienverhältnisse«, redete Studer weiter, als wäre nichts geschehen, »und Sie haben keine Ahnung, was das mit dem Überfall soll?«

Steffi brauchte erst einen Moment, um wieder etwas Ordnung in ihre Gedanken zu bringen.

»Nein, natürlich nicht, ich habe heute alles aus der Zeitung erfahren.«

»Danke, dass Sie vorbeigekommen sind. Ich bin sicher, dass sich das alles bald aufklären wird. Aber eines sollten Sie noch wissen: Ihre Grossmutter ist offenbar todkrank.«

Steffi sprang erschrocken auf.

»Omi? Nein!«

»Wenn Sie mehr wissen wollen, dann rufen Sie im Altersheim Abendrot an, und lassen Sie bitte Ihre Telefonnummer hier, dann melde ich mich, sobald wir Ihre Grossmutter gefunden haben.«

Gefunden werden, das wollten die Alten um jeden Preis verhindern. Die von Luky besorgten Spraydosen hatte Hans unter den Seniorinnen verteilt, die sich sofort ans Werk machten, während er und Luky im Bus sassen und auf der Landkarte mögliche Routen besprachen. Als die beiden Männer von den Frauen nach draussen gewunken wurden, trauten sie ihren Augen nicht. Der alte »Abendrot«-Bus hatte sich in einen Hippiebus verwandelt. Peace-Zeichen, Blumen, Herzen, verspielte Love-Schriftzüge und Yin-Yang-Symbole prangten überall, und auf der Rückseite des alten Wagens war das Wort Altersheim mit einem fetten »Fuck you« übermalt. Von der alten Beschriftung war nur noch »Abendrot« zu sehen, sodass es jetzt »Fuck you Abendrot« hiess. Das konnte nur von Frida stammen. Hans war entsetzt und stapfte auf sie zu.

»Verdammt, Frida, so fallen wir doch auf wie bunte Hunde!«

Frida wischte sich die Farbe von den Fingern und erklärte seelenruhig: »Du hast keine Ahnung von Tarnung. Niemand wäre so bescheuert und würde sich mit so einem auffälligen Bus aus dem Staub machen wollen. Genau darum ist es das perfekte Fluchtfahrzeug.«

Weibliche Logik, er würde sie nie verstehen, dachte Hans, als er wieder in den Bus kletterte. Als alle ihren Platz eingenommen hatten, fuhr Luky los. Er wollte nicht über die Hauptstrasse zur Autobahn, das war ihm zu riskant, also fuhr er durch ein Industriegebiet. Auf diesem Weg würden sie die Autobahn von einer ganz anderen Seite her erreichen.

Sie kamen an den üblichen Einrichtungshäusern und Lagerhallen vorbei, als Inge plötzlich »Stopp!« rief.

Erschrocken fuhr Luky sofort an den Strassenrand.

»Was ist los?«, wollte er wissen.

Inge schaute an sich herunter und meinte: »Wir können so nicht in die Berge, wir haben nichts anzuziehen.«

»Stimmt«, gab ihr Frida recht, »und mit denselben Unterhosen bis Weihnachten ist es sogar für mich eine Herausforderung.«

Luky schaute über die Strasse zu einem grossen Outlet-Store.

»Ein guter Punkt. Wie wäre es, wenn wir alle so richtig einkaufen gingen? Der Preis spielt keine Rolle.«

Inge riss die Seitentür auf und war schon fast draussen.

»Das musst du eine Frau nie fragen«, sagte sie, und die anderen Damen folgten ihr.

Luky und Hans parkten den Bus etwas hinter dem Gebäude, denn noch immer war ihnen Fridas Logik nicht ganz geheuer.

Fünf alte Leute betraten in ihren einfachen, schon etwas zerknitterten Sachen das grosse Geschäft – und wäre das jetzt ein Film, so würde der Regisseur mit einem Zeitsprung gleich nochmals die fünf zeigen, wie sie total verwandelt wieder hinauskämen. Und genau so war es. In farbenfroher, modischer Kleidung schritten sie bestens gelaunt aus dem Laden. Irgendwie wirkten sie ein paar Jahre jünger und vitaler. Und alle zogen einen vollen Rollkoffer mit weiteren Einkäufen hinter sich her. Jetzt waren sie perfekt gerüstet für Weihnachten im Schnee.

Hans und Luky hatten sich am Morgen entschieden, über wenig befahrene Nebenstrassen in Richtung Genfersee zu fahren. Das Radio lief. Nach einigen Diskussionen über Musikgeschmack hatte sich Luky durchgesetzt, da immer der Fahrer das letzte Wort in Bezug auf die Musik habe. Chris Rea sang »Driving Home for Christmas«. Während sie ein Sandwich assen und Limo aus Dosen tranken, diskutierten die drei Frauen hinten im Auto über ihre Einkäufe und die tollen Schnäppchen, die sie gemacht hatten. Luky sah, wie Maria lachte, als ihr Frida eine braune Wollmütze aufsetzte, auf der »I love Rudolph« stand und ein Rentier mit einem knallroten Bommel anstelle der Nase prangte.

Luky schaute in Hans' Richtung und flüsterte: »Weisst du was? Langsam glaube ich, dass wir es schaffen.«

Inge, die einen grossen Schluck aus ihrem Flachmann nahm, reichte die kleine Flasche nach vorn zu Hans.

»Auch ein Schluck?«, fragte sie.

Dankend trank Hans ein wenig und hielt den Flachmann dann Luky hin. Doch der schaute auf die Strasse und reagierte nicht.

»Luky, willst du auch!?«

Keine Reaktion. Jetzt erst bemerkte Hans, dass Luky eingenickt war. Just in dem Moment kam der Bus von der Strasse ab, raste knapp an einem Baum vorbei, ratterte über eine Wiese, durchschlug einen Zaun und blieb mit abgewürgtem Motor auf einem Feldweg stehen. Im Bus herrschte Totenstille. Es war so still, dass alle das zischende Geräusch hörten. Langsam senkte sich der Bus vorne rechts ein paar Zentimeter nach unten. Hans öffnete die Beifahrertür und sah, dass der Reifen platt war.

Frida begann fürchterlich zu husten und brauchte dringend Sauerstoff. Maria war kreidebleich und hielt sich noch immer am Dachgriff fest. Inge suchte auf dem Wagenboden nach ihrem Flachmann, den Hans vor Schreck nach hinten geworfen hatte. Luky fluchte leise vor sich hin und schlug immer wieder mit der Faust auf das Lenkrad. Hans kletterte aus dem Bus, ging zielstrebig zur Heckklappe und begann, die neuen Koffer auf den Feldweg zu hieven.

»Könnte mir vielleicht mal jemand helfen?«

Mit noch zittrigen Knien stiegen die anderen aus und halfen Hans, der schon den Wagenheber aus dessen Halterung genommen hatte und mit der kleinen Kurbel den Bus langsam aufbockte. Nachdem alle Koffer ausgeladen waren, öffnete Luky die Bodenabdeckung, um den Ersatzreifen herauszunehmen. Doch die Reserveradmulde war bis auf ein paar alte Lappen leer. Jetzt wurde Lukys Gefluche sehr laut. Er nahm einen der Lappen und warf ihn wütend weit weg. Allen war klar, dass der Wutanfall weniger dem fehlenden Ersatzreifen als vielmehr dem Umstand galt, weshalb sie überhaupt einen Ersatzreifen brauchten.

Frida klopfte dem kurbelnden Hans anerkennend auf die Schulter und meinte: »Ich denke, du kannst aufhören, wir haben keinen Ersatzreifen.«

Hans setzte sich erschöpft auf den Boden.

»O nein, nicht das auch noch.«

Frida gönnte sich etwas Sauerstoff, bevor sie sich wieder Hans zuwandte: »Aber ich bin sicher, du hast schon wieder einen Plan, oder etwa nicht?!«

Hans blieb der zynische Unterton nicht verborgen, und er hätte seiner Wut sicher auch Ausdruck gegeben, hätte nicht in dem Augenblick ein greller Blitz, gefolgt von einem heftigen Donner, die Alten fast zu Tode erschreckt. Ein Wintergewitter war ja eher selten, doch noch bevor sie sich vom Schreck erholt hatten, prasselte der Regen los. Wie wenn jemand einen Schalter gedreht hätte. Es goss wie aus Kübeln.

»Nein, meine neuen Kleider!«, rief Inge und rannte zu ihrem Koffer.

»Da!«, sagte Maria und zeigte auf einen alten Stall.

Alle packten ihre Siebensachen und liefen, so schnell sie konnten, los. Luky war als Erster beim Stall und riss die Tür auf. Bis auf die Haut durchnässt, traten die fünf keuchend ein – sehr zum Erstaunen der beiden Kühe, die sie mit ihren grossen, braunen Augen anschauten und gleichzeitig gelangweilt wiederkäuten. Die patschnassen Freunde wischten sich das Wasser von ihren Gesichtern und Kleidern.

»Was für eine Katastrophe!«, fluchte Luky.

Maria war alles etwas zu viel. Völlig entkräftet setzte sie sich auf einen Strohballen. Frida bekämpfte den nächsten Hustenanfall mit Sauerstoff und blickte wütend in Richtung der Männer.

»Verdammt, und jetzt?«, fragte sie und schaute nun besorgt Maria an, der es gar nicht gut zu gehen schien.

»Wir können ja schlecht beim Pannendienst anrufen, oder?«, versuchte sich Luky zu rechtfertigen. Auch er war mit den Nerven am Ende. Wütend schmiss er seinen Koffer auf den Boden und setzte sich auf einen Pritschenwagen. »Ich hätte diesen Scheiss nie machen sollen. Ich bin so ein Idiot und habe euch alle noch fast umgebracht«, sagte er erschöpft.

Frida war jetzt so richtig in Fahrt und stellte sich vor Hans.

»Und was sagt denn jetzt dein akribischer Plan?«, fauchte sie ihn an.

Hans konnte sich nicht mehr beherrschen und packte Frida an der Schulter.

»Musst du immer dein Gift versprühen? Wir sitzen verdammt noch mal alle im selben Boot. Oder ist etwa immer alles meine Schuld?«

Maria versuchte, aufzustehen, doch sie war zu schwach.

»Hört bitte auf, bitte! Wenn jemand Schuld hat, dann ich«, sagte sie mit matter Stimme.

Hans drehte sich um, niemand sollte sehen, dass er mit den Tränen kämpfte. Er ging zum Stall hinaus und knallte die Tür hinter sich zu. Alle schauten betreten vor sich auf den dreckigen Boden. Einige Minuten hörte man nichts ausser den wiederkäuenden Kühen.

»Vielleicht solltest du mal nachsehen, wo er ist?«, durchbrach Inge das Schweigen in Richtung Luky, der nickend vom Pritschenwagen stieg und zur Tür ging.

Es war unterdessen dunkel geworden, und der Regen prasselte unaufhörlich auf das kleine Vordach der Scheune.

»Hans! Hans!«, rief Luky, bekam aber keine Antwort.

Luky rannte zum Bus, aber auch dort war von Hans keine Spur.

Er war verschwunden und mit ihm der platte Vorderreifen des Busses.

Auch die Stadt Bern wurde nicht von dem Gewitter verschont. Der Regen klatschte so heftig auf die Frontscheibe des Nissans, dass Wachmann Rolf kaum etwas erkennen konnte. Schon zweimal hatte er irgendwie die Abzweigung hinunter an die Aare verfehlt. Das Navi auf seinem Handy zeigte an, dass er nur dreihundert Meter vom »Drive Club« entfernt war. Er wollte auf keinen Fall hier parken und dann bei dem Sauwetter zu Fuss gehen müssen. Dann sah er das blau-rote Neonlicht des Klubs. Ohne zu zögern, bog er dieses Mal in eine Einbahnstrasse und fuhr direkt vor den »Drive Club«, wo ein brandneuer BMW stand. Es war um diese Zeit noch nichts los, nur ein paar Typen hingen herum. Der Wachmann stieg aus und rannte zu einem jungen Mann, der Kisten mit leeren Bierflaschen aus dem Klub trug. Er zeigte ihm die Fotos der Alten auf der Frontseite des Revolverblatts. Der schüttelte den Kopf und zeigte auf einen Typ, der etwas abseits unter einem Blechdach stand und telefonierte. Rolf rannte zu ihm hin und zeigte ihm die Zeitung.

»War einer dieser Grauköpfe bei dir? Mit Uhren?«

Es war derselbe Dealer, der mit Hans und Luky gesprochen hatte.

»Ich kann mich nicht an jeden erinnern, der hierherkommt; ist ein freies Land, die Schweiz.«

Der Wachmann wurde wütend und packte den Dealer an der Jacke.

»Hast du die gesehen? Ja oder nein?«

»Mann, es war sehr dunkel … Sind auch Scheissfotos, die hätte ich nie erkannt.« Dann begann er zu lachen. »Aber dich habe ich sofort erkannt: der Stripper mit dem kleinen Gewehr …«

Das war zu viel für den Wachmann. Er knallte dem Dealer seine Faust ins Gesicht, und bevor der sich auch nur ansatzweise wehren konnte, schaute er in die Mündung einer Pistole, die ihm Rolf vor seine blutende Nase hielt.

»Und, was ist jetzt?!«, fragte Rolf gefährlich ruhig.

Der Dealer hob seine Hände.

»Mach keinen Scheiss! Ja, ja, die waren da. Haben etwas von Rolex-Uhren geschwafelt.«

»Und, haben sie gesagt, wohin sie wollen?«

»Nein. Wenn ich das wüsste, wären die schon tot!«

»Und warum?«, wollte Rolf wissen.

»Geht dich nichts an.«

Rolf drückte ihm den Pistolenlauf so auf die schwer lädierte Nase, dass der Dealer vor Schmerzen zusammenzuckte.

»Wegen der Bullen! Warte, ja, sie haben gesagt, sie wollen in die Berge.«

»Gehts vielleicht noch etwas genauer?«

»Nein, ehrlich, Mann, mehr weiss ich nicht.«

Der Wachmann nickte und gab dem Dealer zum Abschied nochmals eins auf die Nase, dass dieser laut aufschrie.

Doch nicht nur dem Dealer ging es schlecht. Auch Marias Gesundheitszustand verschlechterte sich massiv. Sie wurde immer bleicher, und ein dünner Schweissfilm glänzte auf ihrer Stirn. Auch den anderen ging es nicht wirklich gut. Die Stimmung war nach wie vor gereizt.

Frida schaute auf ihre Armbanduhr und sagte dann: »Jetzt ist Hans schon fast drei Stunden weg. Lässt er uns jetzt im Stich oder was?«

»Ich hoffe, er kommt bald zurück. Eine Nacht mit den stinkenden Rindviechern gehört definitiv nicht zu meinen Präferenzen«, meinte Inge, und Luky, der gedankenversunken mit der Deichsel des Pritschenwagens hantierte, murmelte, dass man wohl besser alles abblasen sollte.

In dem Moment hörten sie, wie sich ein Auto näherte.

»Ruhe!«, zischte Luky.

Er rannte zur Tür und öffnete sie einen kleinen Spalt breit. Er sah, wie ein Auto neben dem aufgebockten Bus hielt. Eine Tür wurde geöffnet und wieder geschlossen, dann fuhr das Auto weiter. Aus der Dunkelheit näherte sich eine Gestalt. Luky schnappte sich eine Mistgabel und positionierte sich angriffsbereit hinter der Tür. Jetzt waren Schritte zu hören. Die Alten trauten sich kaum zu atmen. Die Tür wurde aufgestossen, und Hans kam völlig durchnässt und grusslos herein. Er trug in jeder Hand eine bis oben gefüllte Einkaufstasche, die er auf den Pritschenwagen stellte.

»Verdammt, wo warst du?«, wollte Luky wissen, der noch immer die Mistgabel in den Händen hielt.

Hans drehte sich um und schaute seine Freunde an.

»Hier ist etwas zu essen, und den neuen Reifen bringen sie morgen bis spätestens neun. Schneller gehts nicht.«

Dann baute er sich vor Frida auf, die sich angriffsbereit von dem Strohballen erhob, auf dem sie gesessen hatte.

Hans tippte ihr mit dem Zeigfinger auf die Schulter und sagte scharf: »Und wenn du mich noch einmal dumm anmachst, dann liefere ich dich eigenhändig bei der Polizei ab. Verstanden?«

Frida stemmte ihre Hände in die Hüfte und nahm eine grosse Ladung Sauerstoff, bevor sie antwortete: »Spiel dich doch nicht so auf, wegen dir stecken wir doch in dem ganzen Schlamassel!«

Maria hustete, wollte etwas sagen, doch jetzt ergriff Inge das Wort und redete sehr bestimmt und lauter, als sie es vielleicht wollte: »Hört jetzt auf zu streiten! Wir haben alle Ja gesagt, und dabei bleibts. Basta!«

Frida setzte sich wieder auf den Strohballen. Maria schaute nachdenklich auf den Boden. Inge nutzte ihren Energieschub und ging zu den Einkaufstüten auf dem Wagen.

»Was hast du uns denn Köstliches mitgebracht? Ich sterbe vor Hunger.«

Das Essen und sicher auch der Rotwein halfen, die Stimmung der Alten wieder zu normalisieren. Selbst Inge konnte sich damit abfinden, dass sie eine Nacht im Stroh verbringen musste. Zum ersten Mal in ihrem Leben, wie sie mehrmals erwähnte. Luky hatte sich hingelegt und mit einer Jacke notdürftig zugedeckt. Er schaute an die Decke und spielte mit einem Strohhalm im Mund. Maria lag neben ihm. Sie hatte sich mit allem zugedeckt, was sie hatte. Sie fühlte sich noch etwas schwach, aber es ging ihr nach dem Essen wieder besser. Inge versuchte, sich mit ihren Kleidungsstücken ein Nachtlager zu basteln, das sie so wenig wie möglich mit den piksenden Strohhalmen in Berührung brachte. Nur Hans und Frida sassen noch auf je einer Holzkiste und tranken ihren Wein.

Luky schaute sich das Grüppchen an, schmunzelte und meinte: »Mit drei Frauen im Heu, davon träume ich schon seit über fünfzig Jahren!«

»Lass ja deine Hände bei dir, sonst ist morgen im Bus ein Platz frei«, konterte Frida.

Alle lachten befreit und waren sichtlich froh, dass die Krise überwunden war. Luky drehte sich »schmollend« auf die Seite. Maria atmete gleichmässig, und auch für Inge schien ihr Nachtlager jetzt einigermassen in Ordnung zu sein. Es war ganz ruhig im Stall, selbst die beiden Kühe schienen zu schlafen. Im Schein einer rostigen Petrollampe, die an einem Haken in der Scheune hing, sah die Szenerie schon fast romantisch aus.

Hans sah Fridas fast leeren Plastikbecher.

Er nahm die Flasche und fragte: »Noch ein Schluck?«

Frida nickte.

»Kann eh nicht schlafen.«

Hans füllte ihre beiden Becher.

»Wegen vorhin …«, sprach Frida weiter.

Hans winkte ab.

»Schon gut … ich bin halt nicht Julio.«

Frida schmunzelte.

»Ist auch gut so.«

»Gabs nie einen ausser ihm?«

»Einige«, antwortete Frida, »aber nie für lange. Wollte mich einfach nie binden.«

»Und ich habe gleich meinen ersten Schulschatz geheiratet. Ich hatte immer Angst, irgendwann allein zu sein«, erzählte Hans.

»Ich hatte als junges Mädchen …«, sie zeigte auf ihren Bauchnabel, »so lange Haare, war ein richtiges Blumenkind. Freie Liebe, Drogen, Peace und all das.«

»Da war ich ja der totale Spiesser gegen dich. Und was sagten deine Eltern dazu?«

»Die schickten mich ins Welschland, um Französisch zu lernen. Ich habe in Montreux im Hotel Palace für fast kein Geld geputzt und geschuftet. Aber dafür abends mit der Clique am See gesessen, geraucht, Gitarre gespielt und nackt gebadet.«

»Da beneide ich dich. An mir gingen die Achtundsechziger ziemlich spurlos vorbei. Der Kanton Aargau war nicht Woodstock.«

»Ich war mein ganzes Leben nie mehr so frei und unbeschwert, wie ich es in Montreux war. Glaub mir, ich habe dort viel gelernt – ausser Französisch. Zumindest nicht die Sprache.«

Hans brauchte einen Moment, bis er Fridas Anspielung begriff und schmunzelte dann verlegen.

»Was für Maria Weihnachten und die Berge sind, sind für mich Montreux und das ›Palace‹«, erzählte Frida weiter.

»Und warum bist du überhaupt zurückgegangen?«

»Meine Mutter wurde krank, und ich musste nach Hause, nach Oerlikon … Von Jimi Hendrix zu Heintje … Alles war so eng und spiessig. Ich habe oft davon geträumt, einfach abzuhauen, aber das hätte nicht nur das kranke Herz meiner Mutter, sondern auch das meines Vaters gebrochen …«

Hans dachte einen Moment nach und fragte dann: »Und was hat Julio damit zu tun?«

Frida legte ihre Hand auf sein Knie, was ihm nicht unangenehm war.

»Der geht dir nicht mehr aus dem Kopf, was? Nichts, der kam erst viel später, er ist für mich einfach der Inbegriff des unabhängigen Latin Lovers …«

»Mein Grossvater mütterlicherseits war übrigens auch Spanier …«, sagte Hans mit einem gewissen Stolz in der Stimme.

Beide lachten leise. Hans füllte noch mal ihre Becher nach.

Im Hintergrund lag Maria wach und hörte alles mit. Ihre Nase juckte vom Heu, und nur mit grösster Mühe konnte sie ein Niesen unterdrücken.

Frida sah zu, wie Hans einen grossen Schluck nahm, und fragte mit einem Augenzwinkern: »Willst du mich schön saufen?«

Hans lachte und schämte sich wie ein Teenager. Er schaute ihr in die Augen, diese berühmte Sekunde zu lange … dann rutschte er etwas näher zu Frida und legte seine Hand auf ihr Bein.

Maria konnte sich nicht mehr beherrschen und nieste laut. Hans zuckte zurück wie ein ertappter Schuljunge. Maria tat es leid, diesen schönen Moment gestört zu haben, doch ein Schmunzeln konnte sie sich nicht verkneifen.

22

Hans, Inge, Maria und Frida betrachteten neugierig eine Gestalt, die im Schlafsack auf dem Boden der Scheune schlief. Es war noch früh am Morgen, die Kälte hatte die Alten zeitig aus den Federn respektive dem Heu geholt.

Die Überraschung war gross, als Hans die junge Frau entdeckt hatte. Nun beugten sie sich zu viert über sie.

»Hallo! Hallo, wer sind Sie?«

Die Frau reagierte nicht.

Frida war für rustikalere Weckmethoden und trat gegen den Schlafsack. Die junge Frau erwachte und erschrak fürchterlich, als sie die Gesichter über sich sah.

»Was? Hey … fuck, wer seid ihr?«, wollte sie wissen.

Langsam setzte sie sich auf.

»Gute Frage. Was machst du hier?«, fragte Frida.

Ohne eine Antwort schaute die junge Frau die Alten lange an.

»Und ihr? So ein Altersheim-Wolldeckenausflug mit Stallübernachtung?«

»Ja, so ähnlich«, sagte Inge.

Die junge Frau schaute die vier nochmals lange an, und dann schien bei ihr der Groschen zu fallen.

»Hey! Ihr seid doch die Alten vom Überfall. Krass! Eure Fotos sind überall. Und das geile Youtube-Video mit dem Stripper ist top. Echt jetzt!«

»Wovon redest du?«, fragte Hans.

Die Frau suchte ihr Handy im Schlafsack und liess das Video vom Überfall laufen, das unterdessen schon zwanzigtausendmal angeschaut worden war.

»Ihr seid mega angesagt, im Fall. Ich bin übrigens Isabelle.«

Alle starrten auf das Video. Maria schaute die junge Frau lange an und ging dann nachdenklich zum Ausgang. Als sie die Tür öffnete, blies ihr ein eisiger Wind entgegen.

Es regnete noch immer, dazwischen mischten sich ab und zu ein paar Schneeflocken. Luky hatte an einer geschützten Stelle ein Feuer gemacht. Darüber baumelte an einer Mistgabel ein mit Wasser gefüllter Melkkessel.

»Morgen«, murmelte Luky.

Maria lächelte ihm zu. »Guten Morgen, Luky«, sagte sie.

Luky schob ein Scheit nach, und sofort flackerte das Feuer auf.

Ohne seinen Blick vom Feuer zu nehmen, fragte er: »Ist die Ausreisserin aufgewacht?«

»Ah, du hast sie also auch gesehen. Meinst du auch, dass sie ausgerissen ist?«

»Freiwillig hat sie sicher nicht hier gepennt«, antwortete Luky. »Aber hast du nicht kalt?«, fragte er dann besorgt.

»Ich brauchte etwas frische Luft. Als ich die Kleine da in ihrem Schlafsack sah, kam alles wieder hoch … mit meiner Steffi.«

Luky verstand nicht wirklich, worauf Maria anspielte.

»Was meinst du?«, fragte er.

»Steffi, meine Enkelin … ist auch ausgerissen, sie war damals auch so um die zwanzig, wie die junge Frau.«

Sie zeigte mit dem Kopf in Richtung Scheune.

»Die Jungen müssen irgendwann ihre Hörner abstossen«, meinte Luky und schaute den kleinen Luftblasen zu, die sich nun vom Boden des Eimers lösten und nach oben stiegen.

»Was für die Eltern oft schmerzhaft ist«, ergänzte Maria.

»Loslassen ist nie einfach«, nickte Luky zustimmend.

Das Wasser begann zu kochen. Luky schraubte ein Glas Nescafé auf und schüttete den halben Inhalt ins Wasser. Maria nahm ein dünnes Scheit vom Holzstoss und rührte damit das Kaffeepulver unters Wasser.

»Ich habe heute Nacht mitbekommen, dass Frida auch einen Wunsch hat.«

Luky schaute sie gespielt vorwurfsvoll an.

»Schäm dich Maria, du hast gelauscht?«

»Ja, so gut es ging, aber du hast so laut geschnarcht, dass ich nicht alles verstanden habe.«

Luky schmunzelte.

Maria machte einen Schritt auf Luky zu und redete leise auf ihn ein: »Ich möchte auch etwas für Frida tun, um mich irgendwie bei ihr zu bedanken. Du musst wissen, dass es mir unendlich viel bedeutet, was ihr da für mich macht … Aber es muss unser Geheimnis bleiben.«

Luky nickte, steckte den Finger in den Kessel und probierte den Kaffee.

Maria redete weiter: »Aber es ist ziemlich teuer … und …«

»Geld ist kein Problem«, beschwichtigte Luky.

»Danke«, sagte Maria und erzählte Luky von dem belauschten Gespräch und von der Überraschung, die sie sich für ihre Freundin ausgedacht hatte.

Luky gefiel die Idee.

»Aber nichts verraten. Versprochen?«, sagte Maria.

»Versprochen!«

Luky nahm den dampfenden Kessel vom Feuer, und Maria öffnete die Stalltür. Er legte seinen Arm um ihre Schultern, und gemeinsam gingen sie zurück in den Stall.

Luky stellte den Kessel auf den Pritschenwagen und rief: »Jetzt gibts heissen Kaffee!«

»Hervorragend, den kann ich jetzt gebrauchen«, freute sich Inge und rieb sich die Hände.

»Ich auch«, sagte Isabelle.

Luky ging auf die junge Frau zu.

»Ich bin Luky, und du bist?«

»Isabelle, oder einfach Isi.«

»Und was macht Isabelle hier?«

»Bin von zu Hause abgehauen. Weihnachten mit meinen Alten ist zu ätzend.«

Inge füllte den schwarzen, dampfenden Kaffee in die Becher und verteilte sie an alle.

Maria winkte ab und meinte: »Er ist zu stark für mein Herz.«

»Entschuldige, ich habe die Milch vergessen«, sagte Hans.

»Macht nichts, du hast ja an alles andere gedacht«, sagte Maria.

Luky schaute sie sorgenvoll an und insistierte: »Aber du frierst, du musst was Heisses trinken!«

»Lieber nicht. Gib mir einfach den heissen Becher, dann kann ich meine Hände ein bisschen wärmen.«

Da stand Inge auf, schnappte sich den zweiten Melkkessel und ging zu Flora und Bruna, wie die Alten die beiden Kühe am Abend getauft hatten. Alle schauten ihr ungläubig nach.

Inge hockte sich neben Flora, tätschelte ihr auf die Flanke und begann sie fachmännisch zu melken. Schon nach wenigen Augenblicken hörten sie, wie die Milch in den Eimer spritzte. Inge kam zurück und füllte Marias Kaffeebecher bis obenhin mit frischer Milch auf. Dann setzte sie sich wieder hin.

»Ich verbitte mir jegliche Fragen! Verstanden!?«

Maria war ganz gerührt, nahm dankbar ein Schlückchen des dampfenden Kaffees und schaute dann die junge Frau an.

»Isabelle, sag mal, wie kann man Weihnachten nicht mögen?«

Isabelle, die den Becher mit beiden Händen hielt und in den heissen Kaffee blies, antwortete, ohne aufzusehen: »Ich hasse diese beknackte Heuchelei mit meiner noch beknackteren Familie.« Sie nahm einen Schluck, bevor sie weitersprach: »Aber ob es wirklich besser ist, hier mit ein paar Schwerverbrechern zu hocken, weiss ich noch nicht.«

Maria lächelte sie an.

Irgendwie hatte sich Maria verändert, seit Isabelle hier war. Es war schwer zu sagen, wie, aber sie kam ein wenig aus ihrem Schneckenhaus heraus und schien von irgendwoher wieder mehr Energie und Lebenskraft zu tanken. Mit ihren kleinen Knopfaugen schaute sie in die Runde.

»Wir können Isabelle doch nicht einfach hierlassen, oder? Kann Stef... äh ... Isabelle nicht ein Stück mit uns kommen?«

Hans und Luky warfen sich einen Blick zu. Dann stand Luky auf und baute sich vor Isabelle auf.

»Kleines, wir würden dich gern mitnehmen, aber du hast uns erkannt, und das Risiko, aufzufliegen, können wir nicht eingehen. Nimm es nicht persönlich, aber wir müssen dich leider ...«

Luky fuhr sich mit dem Zeigfinger über den Hals. Isabelle liess den Kaffeebecher fallen und starrte ihn erschrocken an. Dann begannen alle zu lachen.

Isabelle, die ganz bleich geworden war, konnte nicht glauben, was gerade geschehen war. Diese Alten hatten sie doch tatsächlich aufs Gröbste auf die Schippe genommen.

»Verdammt«, staunte sie. »Wie krass seid ihr denn drauf? Aber macht euch keinen Stress, wenn ihr mich zum nächsten Bahnhof oder zu einer Bushaltestelle mitnehmen könntet, wäre das super nice.«

Draussen fuhr ein Auto vor und hupte.

Hans stand auf.

»Das wird der Reifen sein. Das ging ja schneller als gedacht. Wartet hier und seid ruhig.«

Hans ging nach draussen, und Luky beobachtete durch einen Spalt in der Scheunenwand, wie er einem Mann ein paar Geldscheine in die Hand drückte und dafür einen Reifen entgegennahm. Als der Mann wieder in sein Auto stieg und wegfuhr, ging Luky hinaus, und mit vereinten Kräften montierten er und Hans den neuen Reifen.

Die andern räumten unterdessen die Sachen in der Scheune zusammen, und kurze Zeit später sassen alle wieder im Bus – mit zwei Veränderungen: Hans hatte durchgesetzt, trotz der Tatsache, dass er keinen Führerschein mehr hatte, zu fahren, und Maria sass nun ganz hinten im Bus neben Isabelle.

Zuerst blieben sie noch ein paar Kilometer auf Nebenstrassen, dann entschied sich Hans, auf die Autobahn in Richtung Genf einzubiegen. Langsam wurde es hell, und der wolkenlose Himmel kündigte seit langem mal wieder einen sonnigen Tag an. Hans sah im Rückspiegel, wie Maria aufgekratzt mit Isabelle plauderte. Sie redete in der letzten halben Stunde mehr als insgesamt in den vorangegangenen zwei Tagen. Die junge Frau tat ihr sichtlich gut. Wen oder was auch immer Maria in ihr sah.

Als ein Schild die Ausfahrt Montreux nach einem Kilometer ankündete, rief Maria nach vorn: »Hans, fahr da bitte bei Montreux raus!«

Alle schauten sie erstaunt an, und Frida machte sich sofort Sorgen um ihre Freundin.

»Warum? Geht es dir nicht gut?«, wollte sie wissen.

»Ganz im Gegenteil«, lächelte Maria. »Ohne dich, liebe Frida, wären wir jetzt nicht hier. So viel Zeit muss sein, deinem geliebten Montreux zumindest kurz Hallo zu sagen.«

Frida drehte sich zu Maria um.

»Du hast gestern gar nicht geschlafen, sondern gelauscht?«

Luky nickte Hans zu, der den Blinker stellte und den Fuss vom Gas nahm.

Frida war mit der Situation sichtlich überfordert.

»Nein, Hans, fahr weiter, das ist zu riskant!«

»Nichts da, fahr raus!«, rief Maria bestimmt. »Hattest du hier nicht die beste Zeit deines Lebens, Frida? Ja oder nein?«

Frida nickte.

»Ja … schon, aber …«

»Und weisst du, ob du in deinem Leben nochmals hier vorbeikommen wirst?«

Frida wusste nicht, was sie sagen sollte.

»Also«, fuhr Maria fort, »hat jemand etwas gegen eine schöne Dusche, ein warmes Essen und ein weiches Bett?«

Natürlich erntete sie nach der Nacht im kalten Stall nur Beifall.

»Also, dann los ins ›Palace‹! Mindestens einmal musst du doch dort übernachtet haben, wo du da so viel gearbeitet hast.« Maria klopfte auf Isabelles Knie. »Und du kommst mit, keine Widerrede!«

Frida war sichtlich gerührt und versuchte einen letzten Einwand: »Aber das ›Palace‹ ist sündhaft teuer. Wir brauchen doch das Geld für das Chalet.«

Maria zwinkerte Luky zu und meinte: »Das ist alles schon geregelt.«

Jetzt erwachte auch Inge zu neuem Leben.

»Das ›Palace‹?! Ihr entwickelt langsam Stil – das ist sicher mein positiver Einfluss.«

So fuhren sie wenige Minuten später durch Montreux und folgten dem Wegweiser »Montreux Palace«.

Frida war ganz aufgedreht und begann zu erklären: »Das alt-ehrwürdige Haus wurde 1906 als Luxushotel erbaut und diente in den beiden Weltkriegen als Spital. Es glich in seiner Bauart sehr stark dem Hotel Carlton in Cannes, das in derselben Zeit ent-stand. Viele bekannte Persönlichkeiten stiegen in dem wunder-schön gelegenen Jugendstilbau ab. So verbrachten unter anderen auch Richard Strauss und Freddie Mercury mehrere Monate im ›Palace‹.«

»Was du so alles weisst, hätte ich dir gar nicht zugetraut«, frot-zelte Luky.

Bevor Frida etwas erwidern konnte, stoppte der alte, klapprige Hippie-Bus schon vor dem noblen Fünfsternehotel, und Hans dreh-te sich mit sorgenvollem Blick zu seinen Freunden um.

»Wir müssen extrem vorsichtig sein, dass wir hier nicht erkannt werden«, meinte er, »wahrscheinlich hat die Polizei unsere Namen schon an alle Hotels weitergegeben.«

Inge kramte in ihrer grossen Handtasche herum.

»Lasst mich das machen und wartet hier.«

Sie zog zwei Pässe aus der Tasche, nahm den einen und sagte: »Ich habe nicht immer Inge von Hellbach geheissen.«

Ein Portier kam auf den Bus zu, als Inge die seitliche Schiebe-tür öffnete und aus dem bunten Gefährt kletterte.

»Kann ich Ihnen helfen, suchen Sie etwas?«, wollte er wissen.

»Ja, sechs schöne Zimmer«, gab Inge zur Antwort.

»Ich fürchte, wir sind … ausgebucht.«

Frida war sichtlich enttäuscht.

»Kommt, wir fahren wieder«, sagte sie zu ihren Freunden im Bus.

Doch jetzt kam Inges Moment: Sie rückte ihr leicht zerdrück-tes Kleid und ihre Haare zurecht und ging dann forschen Schrit-tes auf den Portier zu.

»Junger Mann, bringen Sie mich bitte zum Manager«, sagte sie und schaute ihn mit einem Blick an, der es gewohnt war, Befehle zu erteilen.

Der Portier bat Inge, ihm zu folgen, und die beiden betraten das traumhafte Hotel durch eine grosse Drehtür. Die »Sonnenuntergäng« und Isabelle folgten ihnen entgegen Inges Anweisungen mit einigem Abstand.

Der Kontrast zum Kuhstall hätte grösser nicht sein können. Der Boden der Eingangshalle war ein Mosaik aus weissem und rötlichem Marmor. Von der Decke, die mit reichlich Stuck verziert war, baumelte ein gigantischer Leuchter. Die Rezeption wurde von riesigen Blumenarrangements eingefasst, und zur Rechten führte eine breite Treppe in die oberen Etagen.

Aus einem kleinen Büro neben der Lobby trat ein eleganter Herr und ging auf Inge zu, die nun an der Rezeption stand und sichtlich ungeduldig mit einem goldenen Kugelschreiber spielte, der auf einer dicken Lederunterlage für Gästeunterschriften bereitlag. Mit etwas Abstand beobachteten die alten Leutchen und Isabelle, wie Inge mit dem geschniegelten Herrn verhandelte. Nach kurzer Zeit nickte er und verbeugte sich leicht. Inge unterschrieb ein paar Formulare und legte dann ihren Pass dazu. Der Mann schaute sich alles an und nickte wieder.

Inge winkte ihre Freunde zu sich und meinte: »Es sind tatsächlich keine Zimmer mehr frei … also beziehen wir die Suiten!«

Der Manager und der Portier lächelten jetzt um einiges freundlicher als zuvor.

Neben der Rezeption stand ein verziertes Schild in einem Goldrahmen, auf dem hingewiesen wurde, dass am Abend im Ballsaal ein »Dinner & Dance« stattfinden würde.

Inge zeigte auf das Schild und ergänzte: »Und reservieren Sie uns einen schönen Tisch für den Abend.«

»Sehr gern, Madame«, nickte der Manager, hüstelte und fügte an: »Darf ich Sie darauf aufmerksam machen, dass der Dresscode ›Black Tie‹ ist?«

»Alles andere hätte mich sehr enttäuscht«, antwortete Inge, und gemeinsam folgten sie dem Manager, der es sich nicht nehmen liess, die etwas speziellen Gäste höchstpersönlich zu den Suiten zu begleiten.

Zur selben Zeit standen Kommissar Studer und sein Assistent Rast vor einer grossen Schweizer Karte, die an der Wand neben den Fotos der Alten in Studers Büro hing. Auf der Landkarte waren das Altersheim Abendrot eingezeichnet, die Bijouterie Klein, der Standort der Radarfalle und der »Drive Club« in Bern. Polizist Rast hängte ein Foto des Hipsters, der sich dummerweise mit Hans und Luky angelegt hatte, neben die Markierung des Klubs.

»Das mit dem ›Drive Club‹ hätte ich denen nicht zugetraut«, meinte er.

Studer war in Gedanken versunken.

»Glaubst du, die verfolgen irgendeinen Plan, oder ist das alles Zufall?«, fragte er.

»Gestern hätte ich noch auf ein paar harmlose Alte getippt. Aber nach der Geschichte mit dem Dealer … Das ist kein einfältiger Idiot, der sich von irgendwelchen Amateuren über den Tisch ziehen lässt. Das Drogendezernat ist schon eine ganze Weile hinter ihm her.«

Studer nickte.

»Und dann ist da noch was«, ergänzte Polizist Rast, »ich wollte nochmals mit dem Wachmann reden, aber sein Kollege bei der Star Security sagte mir, dass er hinter den Alten her sei, mit einer Waffe …«

»Was für ein Idiot!«, brummte Studer, ging zu seinem Schreibtisch zurück und setzte sich. »Erweitere die Fahndung auf den Wachmann und melde, dass er bewaffnet ist.«

Er nahm einen Schluck seines in der Zwischenzeit kalt gewordenen Kaffees und verzog das Gesicht.

Auch einen Schluck genehmigten sich die neuen Suitenbewohner des »Palace« in Montreux. Selbstverständlich offeriert vom Hotel. Natürlich edelster Champagner aus langstieligen Flûtes. Dazu kleine Häppchen mit Lachs und Foie gras. Serviert wurde der Welcome-Drink in dem grossen Salon, der die Suiten untereinander verband.

Auf einem kleinen Tisch lag neben dem Champagnerkühler ein reich verziertes Holzkästchen. Luky öffnet es und entdeckte feinste Zigarren.

»Mensch, ein Humidor mit Havanna-Zigarren, das lasse ich mir gefallen!«

Er nahm eine heraus, roch an ihr, verdrehte die Augen und steckte das edle Stück in seine Jackentasche.

Hans kam von der grossen Terrasse zurück.

»Die Aussicht ist der absolute Wahnsinn«, schwärmte er. »Der ganze Genfersee liegt uns zu Füssen und der Mont Blanc gleich vor der Haustür.«

Inge kam in einem weissen, flauschigen Bademantel und Frotteeslippern mit eingesticktem Logo des Hauses aus ihrer Suite.

»Ich habe in fünfzehn Minuten eine Massage – bei Olivier«, sagte sie und füllte sich nochmals die Champagnerflûte.

Isabelle, die nichts mit dem »Nobelgesöff«, wie sie es nannte, anfangen konnte, bediente sich aus der Hausbar und trank einen Energydrink mit Wodka. Sie setzte sich auf den Rand der riesigen Sitzgruppe, die bequem Platz für fünfzehn Personen bot.

Maria, die nur an ihrem Glas nippte, stand langsam auf und ging zu ihrem Schlafzimmer.

»Ich habe heute Nacht kein Auge zu getan, ich kann diesem grossen Bett einfach nicht widerstehen«, meinte sie und öffnete die Tür.

»Schlaf gut«, kam es von ihren Freunden.

Isabelle stand auch auf und erzählte, dass es in ihrem Zimmer eine Playstation gebe, mit der sie sich mal beschäftigen wolle.

Frida leerte den Rest ihres Glases, zog sich den Sauerstoffschlauch aus der Nase und ihren Mantel wieder an.

»Ich habe noch was vor«, sagte sie, ging zum Ausgang der Suiten und liess zum ersten Mal seit Monaten ihren Sauerstoffwagen einfach zurück. An der Tür blieb sie aber stehen und drehte sich nochmals zu Inge um.

»Was hast du dem Manager eigentlich gesagt, und was steht in deinem Pass?«

Inge wollte zuerst nicht mit der Sprache herausrücken, aber als alle insistierten, nickte sie.

»Okay, okay, ich erzähls euch: Ich habe gesagt, dass ich mit meinen Geschwistern und meiner Enkelin auf einer Abschiedsreise sei, da ich bald sterben würde. Und dass ich und mein verstorbener Ehemann früher oft Gäste hier gewesen seien.« Inge schaute in die verblüfften Gesichter und redete nach einer kurzen Pause weiter: »Ja, und in meinem anderen Pass steht … da steht: Vreni Schaufelberger.«

»Vreni Schaufelberger?«, fragte Frida, die immer noch unter der Tür stand, ungläubig.

»Ja, Inge von Hellbach war mein Künstlername, damals, als ich mein Glück auf verschiedenen Varietébühnen in ganz Europa versuchte. Irgendwann habe ich meinen Namen geändert, aber den alten Pass immer behalten.«

»Aber wir haben leider keine zweiten Namen … doch erzähl von den Bühnen«, sagte Hans, der wie die anderen noch an dem »Geständnis« von Inge, oder Vreni, zu kauen hatte.

Inge winkte ab.

»Da gibts nicht viel zu erzählen … Eine Zeit lang hatte ich als Sängerin ziemlichen Erfolg, dann immer weniger. Zum Schluss tingelte ich als Burlesque-Sängerin durch die Nachtklubs. C'est la vie … Doch wegen eurer Pässe macht euch keine Sorgen«, fuhr sie fort. »Ich habe gesagt, dass wir uns von der Reise zuerst etwas erholen wollen und die anderen Pässe später an die Rezeption bringen würden. Der Manager meinte, morgen reiche auch noch. Bis dann sind wir längst über alle Berge. So, und jetzt muss ich in die Massage.« Sie trank ihre Flûte aus und stolzierte, so gut das mit den Frotteeslippern an den Füssen ging, an Frida vorbei durch die Tür. Dann drehte sie sich nochmals um und ergänzte: »Zudem sucht niemand nach einer grossen Familie mit Enkelin, nur nach fünf bösen Samichlausräubern. Au revoir.«

Etwas weniger komfortabel verköstigte sich derweil Wachmann Rolf an einem Wurststand in einem Berner Aussenquartier. Obwohl aussen verkohlt, war die Wurst innen kalt, und die Fritten hingen labbrig in der Kartonschale. Nichtsdestotrotz schaufelte Rolf den Junk-Food in sich hinein, während er mit dem Operator in der Zentrale telefonierte.

»Ich weiss, dass die Alten in Richtung Berge unterwegs sind, aber nichts Genaueres«, liess er die Zentrale wissen. »Frag mal bei unseren Freunden von den Security-Firmen nach, ob sie irgendwo in einem Hotel eingecheckt haben. Ich brauche irgendeinen verdammten Hinweis, und zwar schnell«, ergänzte er.

Aus dem Augenwinkel sah er, wie ihn der Typ vom Wurststand heimlich filmte.

»Hey, was soll der Scheiss?!«, schrie Rolf.

Doch der Wurstverkäufer lachte nur.

»Ist für meine Youtube-Seite, dann sehen dich die Leute auch mal mit einer grossen Wurst.«

Rolf packte den Rest der Bratwurst und warf sie dem Mann mitten ins Gesicht.

»Lösch den Scheiss, sonst komm ich rüber und mach dich platt!«

23

Ein kalter Wind blies über den Genfersee. Zwei Schwäne stocherten mit ihren langen Hälsen auf dem Seegrund nach Essbarem. Die Promenade, die im Sommer und vor allem während des legendären Montreux Jazz Festival Tausende von Besuchern zum Flanieren animierte, war menschenleer.

Frida ging langsam den Uferweg entlang und schaute sich ganz genau um. Bei einer kleinen Wiese, auf der zwei riesige Bäume standen, stoppte sie, überlegte kurz und ging dann zielstrebig zu einem der beiden hin. Sie suchte akribisch die alte Rinde ab, bis sie zwei stark verwitterte und kaum mehr erkennbare Herzen entdeckte – vor vielen, vielen Jahren eingeritzt. Ein Lächeln huschte über ihr Gesicht, als sie mit ihrem Zeigfinger ganz langsam die Form der zwei Herzen entlangfuhr. Obwohl sie sich dabei etwas komisch vorkam, umarmte sie den Baum und schloss die Augen. Es war ihr, als hörte sie die Gitarrenklänge eines Bob-Dylan-Songs. Das Lachen junger, sorgloser Menschen. Das Knistern eines grossen Feuers und die Stimme von Jon.

Total in ihre Gedanken und Erinnerungen versunken, setzte sie sich auf eine steinerne Gartenbank und schaute auf den See. Als ob sie die ganze Atmosphäre von damals in sich aufsaugen wollte, sass sie da und atmete die kalte Luft tief in ihre kranken Lungen.

Nachdem sich alle Damen verzogen hatten und Luky und Hans allein in dem grossen Salon der Suiten sassen, entschlossen sich die beiden Männer, sich um das Thema »Chalet« zu kümmern. Sie fuhren mit dem Fahrstuhl in die grosse Lobby hinunter und gingen zum Schreibtisch des Concierge, der sie mit einem professionellen Lächeln begrüsste. Nachdem sie ihm ihr Anliegen erklärt hatten, machte der Concierge einige Anrufe, legte dann kopfschüttelnd das Telefon zurück in seine Halterung und wandte sich an Luky und Hans.

»Alles ausgebucht, das wird nicht einfach. Viele der schönen Chalets sind über Weihnachten auf Jahre ausgebucht. Im Wallis wird das schwierig, aber vielleicht versuchen Sie es in Gstaad – wenn der Preis keine Rolle spielt, sollte da was zu finden sein.«

Luky warf Hans einen Blick zu, der nickte.

»Nein, der Preis spielt keine Rolle. Also dann, auf nach Gstaad«, sagte Luky und versuchte, sehr weltmännisch zu klingen.

»Am besten fahren Sie dort zum Tourismusbüro, die wissen am besten, was noch frei ist und ob es kurzfristige Absagen gegeben hat.«

Hans und Luky bedankten sich und begaben sich in die Hotelbar, die nach dem Gründer des Jazzfestivals, Claude Nobs, benannt war: »Funky Claude«. Dort gönnten sie sich einen Drink.

Unweit der Bar, aber einen Stock tiefer sass, in einen dicken Frotteemantel gehüllt, Maria auf einem bequemen Liegestuhl und schaute Isabelle beim Schwimmen zu. Das Badekleid hatten sie zuvor in der Hotelboutique gekauft. Das heisst, Maria hatte es gekauft und Isabelle geschenkt. Weil sie nicht wollte, dass Isabelle sah, was für einen horrenden Preis für das bisschen Stoff verlangt wurde, sagte Maria der leicht arroganten Verkäuferin, sie solle den Betrag auf die Rechnung ihres Zimmers setzen. Als die Verkäuferin die Zimmernummer der Suite hörte, wurde sie plötzlich sehr viel freundlicher und wollte ihnen noch weitere Kleidungsstücke zeigen.

Nun tollte Isabelle wie ein kleines Kind im Wasser herum, sie hatte sich schon im Voraus riesig auf das Bad gefreut. Sie erinnerte Maria immer stärker an ihre Steffi, die auch so eine Wasserratte war. Schon als kleines Mädchen sass sie im Planschbecken, bis sie blaue Lippen hatte.

Ein Spa-Mitarbeiter brachte zwei grosse Smoothies, die Maria bestellt hatte, und stellte sie auf den kleinen Tisch, der zwischen den Liegestühlen stand. Maria unterschrieb die Rechnung und setzte noch ein angemessenes Trinkgeld dazu. Langsam gewöhnte sie sich an das Luxusleben und dessen Vorzüge.

Isabelle kraulte zu Maria, strich sich eine Haarsträhne aus dem Gesicht und fragte, was sie denn da Gutes bestellt habe.

»Willst du lieber Waldbeeren oder Ingwer-Zitrone?«, fragte Maria mit einem fürsorglichen Lächeln.

»Mmh – von beiden die Hälfte«, freute sich Isabelle und kletterte aus dem Pool.

»Gute Idee«, meinte Maria und hielt ihr den Bademantel entgegen.

Als sich Isabelle neben sie auf die Liege setzte, rubbelte ihr Maria, mit einem Frotteetuch über die Schultern und den Rücken, um sie zu trocknen und etwas zu wärmen – wie sie das immer bei Steffi gemacht hatte. Instinktiv lehnte sich Isabelle, die es sichtlich genoss, kurz bei ihr an, und dann prosteten sie sich mit den beiden Smoothies zu und nahmen einen grossen Schluck.

»Lecker, lecker – cool hier«, sagte Isabelle. »Wenn ich das meinen Freundinnen poste, glauben die mir kein Wort.«

»Und deine Eltern, die machen sich keine Sorgen?«

»Wenn schon. Ich hab mein eigenes Leben, und da gehört Weihnachten nicht dazu.«

»Aber an Weihnachten muss die Familie doch zusammen sein.«

»Und warum bist du dann nicht bei deiner Familie? Hast du keine Kinder?«, entgegnete Isabelle.

Maria schaute etwas verlegen auf den Boden und rührte mit dem Trinkhalm im Smoothie.

»Doch, aber …«

»Aber die wollen dich nicht an Weihnachten? Siehst du!«

»Das ist nicht so einfach.«

»Ist es nie. Und jetzt tauschen wir die Smoothies«, sagte Isabelle.

Maria probierte den zweiten Smoothie und überlegte einen Moment, bevor sie weiterredete.

»Weisst du, ich habe eine Enkelin, die bei mir aufwuchs. Als sie etwa so alt war wie du jetzt, haben wir uns fürchterlich gestritten, und seither habe ich nie mehr etwas von ihr gehört. Ich wollte ja nur ihr Bestes, aber sie hat das offenbar anders empfunden.«

»Und worum ging es bei dem Streit?«

Maria war es sichtlich unwohl. Sie war es nicht gewohnt, dass jemand so direkte Fragen stellte.

»Ich hatte sie mit einer Notlüge vor sehr viel Kummer bewahrt.«

Inge kam, in ihren Bademantel gewickelt, mit einem Glas Champagner in der Hand auf die beiden zu.

»Und vor wie viel Kummer hat dich diese Lüge bewahrt?«, fragte Isabelle mit provokantem Unterton zurück.

Maria schaute nachdenklich aus dem Fenster. Inge setzte sich auf die andere Liege neben Maria.

»Ach Mädels, das hat gutgetan! Der Mann hatte Hände wie Schraubstöcke.«

Isabelle stand auf und stellte das leere Glas auf den Tisch.

»Ich habe langsam kalt, geh mich mal umziehen. See you.«

Inge schaute Isabelle nach, wie sie zum Ausgang des Poolbereichs ging. Erst dann bemerkte sie die Tränen, die Maria über die Wangen liefen.

»Hey, Maria, was ist denn passiert?«

Doch Maria konnte nicht sprechen, zu gross war der Kloss in ihrem Hals.

24

Der Fahrstuhl öffnete sich, und unsere Alten betraten mit Isabelle, aber ohne Maria, die Lobby des Hotels. Gemeinsam gingen sie zum Ballsaal, aus dem schon dezente Musik zu hören war. Die Damen sahen einfach perfekt aus. Es war unverkennbar, dass Inge da und dort Hand angelegt hatte und aus einem normalen, eleganten Kleid eine Abendgarderobe gezaubert hatte. Auch Isabelle, die sonst immer nur Hosen trug, sah in dem geliehenen Kleid von Inge sehr adrett aus.

Hans und Luky waren hingegen ziemlich »underdressed«. Bei ihrem Einkaufsbummel hatten sie natürlich vor allem warme und praktische Sachen eingekauft und keinen Smoking. In ihren sportlichen Sakkos erfüllten sie definitiv keine »Black Tie«-Vorschriften. Entsprechend gingen die Damen voraus und hatten auch kein Problem, an dem Hotelangestellten vorbeizukommen, der im Smoking und mit Knopf im Ohr an der Tür stand und die Gästeliste kontrollierte.

Mit einem Kopfschütteln stoppte er nun Hans und Luky und meinte: »Nur ›Black Tie‹, sorry.«

War das schon das Ende ihrer Party, auf die sich alle so gefreut hatten?

Frida überlegte kurz, drehte sich zu ihren Freunden um und flüsterte: »Ladys, geht schon mal rein, Männer, folgt mir.«

Zielstrebig ging sie auf eine Tür zu, auf der »Staff only« geschrieben stand, schaute sich um, um sich zu vergewissern, dass niemand zusah, und öffnete die Tür. Dahinter begann der Teil des Hotels, der nur für die Angestellten war, und von einem Meter zum anderen verwandelte sich der Luxus eines Fünfsternehotels in einen normalen Betonflur, wie er in jeder Fabrik oder jedem Schulhaus zu finden ist.

Ohne ein Wort zu sagen, huschten die beiden Männer, Frida folgend, einen Flur entlang und dann eine steile Wendeltreppe hinunter in einen muffigen Kellerflur. Links und rechts waren mehrere Türen. An der Decke flackerte ein Neonlicht. Frida blieb kurz stehen und schien angestrengt nachzudenken.

»Was machen wir hier?«, fragte Hans.

»Sei still, ich überlege«, sagte Frida, ging dann zu einer der Türen und öffnete sie. Doch da waren nur alte Stühle und Betten gelagert. Sie ging zur nächsten Tür, drückte die Klinke hinunter und knipste das Licht an. Dann lächelte sie und winkte ihre Freunde zu sich in den Kellerraum, wo die Kleidung für die Kellner aufbewahrt wurde. Fein säuberlich hingen Smokings in allen Grössen neben frisch gebügelten Hemden – und auch schwarze Fliegen waren mehr als genug vorhanden.

Im Nu verwandelten sich Hans und Luky in zwei Gentlemen in tadellosem »Black Tie«, und nur wenige Minuten nachdem der Türsteher Hans und Luky zurückgewiesen hatte, staunte er nicht schlecht, als vor ihm zwei elegante Herren standen, die perfekt die Kleidervorschriften für den Galaabend erfüllten.

Gemeinsam mit Frida traten sie in den über einhundert Jahre alten Ballsaal – er war einfach gigantisch. Wie in einer Kathedrale standen sie beisammen und schauten staunend zu der Decke empor. Eine gläserne Kuppel dominierte den Raum, links und rechts waren aufwendige Decken- und Wandmalereien zu sehen. Reich verzierte Säulen trugen das Dachgewölbe dieses prachtvollen Belle-Epoque-Saals.

Auf den weiss gedeckten Tischen – die schweren Leinentücher reichten bis auf den Boden – gab es neben den grossen Platztellern unzählig viel Besteck. Dazu funkelnde Gläser in mehreren Varianten. In der Mitte brannten Kerzen in silbernen Leuchtern. Sie verliehen dem Raum etwas sehr Festliches. Ein Kellner führte sie an ihren Tisch, der nahe der fünfköpfigen Band und der Tanzfläche stand, und die drei setzten sich zu Inge und Isabelle.

Ausser Inge schienen alle mit der Situation etwas überfordert. Am meisten zu schaffen machte ihnen allerdings, dass ein Platz frei blieb. Der Kellner wollte wissen, ob noch jemand komme oder ob er das überzählige Gedeck abräumen solle.

Luky bat ihn, damit noch zu warten, und sagte zu den andern: »Das kann nicht sein, dass Maria nicht dabei ist, um sie geht es doch schliesslich!«

»Sie will nicht. Sie möchte allein sein«, sagte Frida, die auch an diesem Abend wieder ohne Sauerstoffflasche unterwegs war.

Isabelle, die ahnte, dass sie nicht ganz unschuldig daran war, dass Maria nicht hier war, schaute Luky an und sagte: »Ich konnte meine Klappe mal wieder nicht halten.«

Luky nickte und stand auf.

»Ich lass mal meinen Charme ein wenig spielen«, meinte er mit einem Augenzwinkern.

Er ging zurück zu den Suiten, wo er Maria auf der Terrasse fand. Sie stand da ohne Mantel und schaute über den vom Mond beschienenen glitzernden See. Luky trat zu ihr und blieb eine ganze Weile einfach neben ihr stehen, ohne ein Wort zusagen. Als er merkte, dass sie zu frieren begann, zog er sein Jackett aus und legte es über ihre Schultern. Erst jetzt bemerkte sie, dass Luky perfekt gekleidet war.

»Woher hast du denn so plötzlich den Smoking?«, wollte sie wissen.

»Lange Geschichte«, sagte er leicht fröstelnd und versuchte dann, auf den Punkt zu kommen: »Was ist denn los, Maria? Wir warten alle auf dich.«

»Mir ist gerade nicht nach feiern zumute.«

»Aber um dich dreht es sich doch hier! Das ist wie ein Geburtstagsfest ohne Jubilarin.«

Maria schaute zu Luky hoch und meinte: »Vielleicht bin ich eben doch einfach zu egoistisch.«

»Du?«, lachte Luky. »Ich kenne niemanden, der weniger egoistisch ist als du.«

»Wie würdest du denn jemanden bezeichnen, der, um sein eigenes, verlogenes Leben zu schützen, dasjenige von einem geliebten Menschen zerstört?«

Maria begann leise zu weinen. Luky legte seinen Arm um sie und suchte nach der richtigen Antwort.

Doch Maria redete weiter: »Ich habe alles falsch gemacht. Alles! Steffi hatte recht, davonzulaufen und nichts mehr von mir wissen zu wollen.«

»Hey, hey. Ich kann mir nicht vorstellen ...«

»Ich konnte ihr die Wahrheit einfach nicht sagen«, fiel ihm Maria ins Wort. »Es hätte mir mein Herz zerrissen. Aber es ging immer nur um mich und nicht um Steffi. Isabelle hat mir da heute die Augen geöffnet.«

»Jetzt mal langsam und der Reihe nach. Von was für einer Wahrheit redest du?«

»Meine Tochter, die Mutter von Steffi, und ich hatten es nie wirklich gut zusammen. Immer gab es Streit, und schon als kleines Mädchen machte sie nur, was ihr passte. In der Pubertät wollte sie noch weniger von mir wissen. Sie begann zu trinken, und dann, Drogen zu nehmen, und es wurde immer schlimmer. Dann wurde sie schwanger – den Vater des Kindes gab es von Anfang an nicht. Und eines Tages verschwand auch meine Tochter. Ohne ein Wort zu sagen, ohne einen Brief zu hinterlassen. Das Einzige, was sie zurückliess, war Steffi, die damals keine zwei Jahre alt war.«

»Und warum?«

»Die verdammten Drogen, die haben sie zerfressen und schliesslich auch ins Gefängnis gebracht.«

»Und was hast du Steffi erzählt?«

»Ich konnte dem kleinen Mädchen nicht in seine grossen braunen, unschuldigen Augen schauen und die Wahrheit sagen. Also habe ich eine Geschichte erfunden, dass ihre Eltern bei einem Autounfall ums Leben gekommen seien. Ich habe mir immer eingeredet, dass ich das für sie gemacht hätte.«

»Vielleicht ist eine gute Lüge manchmal besser als die schlechte Wahrheit«, meinte Luky.

»Ich wollte sie doch nur beschützen.«

»Und dann hat sie es irgendwann doch herausgefunden?«
Maria nickte.

»Ja, natürlich, Steffi ist neugierig und clever. Sie hat mir dann vorgeworfen, ich sei eine Lügnerin und hätte sie ihr ganzes Leben nur angelogen und nicht ernst genommen. Sagte, mit so jemandem wolle sie nichts mehr tun haben. Und dann ist sie gegangen.«

»Vielleicht einfach ihre Art, mit dem Schmerz umzugehen … den sturen Kopf hat sie sicher von dir.«

Luky zwinkerte Maria zu.

Sie zeigte ein winziges Lächeln.

»Ja, wahrscheinlich.«

»Aber wenn du allein hier oben bleibst, ändert das auch nichts an der Situation. Komm runter, jetzt sind *wir* deine Familie, und heute wird gefeiert.«

Maria lehnte sich an Lukys Schulter und zeigte in den klaren Sternenhimmel.

»Da, der Grosse Wagen«, sagte sie.

Luky, der jetzt auch zu den unendlich vielen Sternen hochschaute, wurde plötzlich sentimental.

»Sagt dir der Münchner Liedermacher Konstantin Wecker etwas?«, fragte er.

Maria schüttelte den Kopf.

»Der singt in einem Lied folgende Zeilen, die mir jetzt gerade in den Sinn gekommen sind:

Wann i nimmer weiterwoass im Durchanand
von Leb'n und Lust und Leid und Werd'n und Sterb'n,
nimm i mi auf 'd Nacht selber bei der Hand,
lass mi fall'n und schaug in d' Stern.

Wia's da blinkt und blitzt und blüht am Himmelszelt,
werd mei Herz auf oamoi wieder froh.
do unendlich weit ist doch die ganze Welt,
no vui weiter, als i denka ko.

147

Und i werd ganz kloa,
kumm ma winzig vor,
fast als gabat's mi
nimmer mehr.

Und i schenk mi her,
bin ois und neamands mehr,
nur a Tropferl
im Meer.«

»Schön, wunderschön, danke Luky!«, sagte Maria. »Und warum kannst du so gut Bayrisch?«

Luky lächelte.

»A fesches Madl in München.«

Maria gab ihm einen sanften Stoss mit dem Ellbogen. »Casanova, du!«

»Lang ist es her…«

Maria schaute nochmals zu den vielen Sternen hoch und gab sich einen Ruck.

»Ja, du hast recht. Geh doch schon mal runter … ich brauche noch ein paar Minuten und komme dann auch.«

Luky schüttelte den Kopf.

»Ich schnapp mir jetzt eine dieser sündhaft teuren Zigarren, rauche da draussen, bis du bereit bist, und schau noch ein wenig in die Sterne. Und dann begleite ich dich hinunter. Mei fesches Madl.«

25

Im grossen Ballsaal waren zwischenzeitlich sämtliche Tische mit Schönen und Reichen besetzt. Die Band spielte gedämpft ein paar Swing-Klassiker. Um den Tisch der alten Freunde wuselte ein Heer von Kellnern, die Champagner nachschenkten und Hummer servierten.

Luky und Maria, die sich bei ihm untergehakt hatte, erschienen im Saal. Obwohl Maria es nicht mochte, im Rampenlicht zu stehen, genoss sie den grossen Auftritt an der Seite von Luky doch sehr. Kaum wurden sie von Hans, Inge, Frida und Isabelle entdeckt, ging ein grosses Hallo und Applaudieren los, das von den anderen Gästen mit Augenrollen und Stirnrunzeln quittiert wurde. Sofort wurden die Gläser von Luky und Maria gefüllt, und sobald sie endlich alle beisammensassen, stiessen sie auf den Abend und im Speziellen auf Maria an.

An den meisten Tischen sassen ältere Ehepaare, die irgendetwas zu feiern hatten oder sich einfach mal wieder einen aussergewöhnlichen Abend leisteten. Es war alles sehr distinguiert und vielleicht auch etwas verkrampft und unentspannt. Die »Sonnenuntergäng« und Isabelle hingegen fühlten sich wie im Paradies und schlemmten entsprechend.

Nach zwei Stunden legte Maria ihre Serviette auf den Tisch, lächelte, lehnte sich kurz an Lukys Schulter und sagte: »Mein Gott, ich glaube, ich habe seit Jahren nicht mehr so gut und so viel gegessen. Danke, dass du mich geholt hast, da hätte ich wirklich etwas verpasst.«

Luky wollte etwas antworten, wurde aber von Frida unterbrochen, die mit ihrem Messer an das edle Kristallglas klopfte. Alle Köpfe drehten sich in ihre Richtung – auch die der anderen Gäste an den Nachbartischen, die die Störung mit entsprechenden Blicken als höchst unangebracht taxierten. Frida hustete, und normalerweise wäre jetzt der Griff zum Sauerstoffgerät fällig gewesen, aber das hatte sie ja in ihrem Zimmer gelassen. Abendkleid, Gala und Sauerstoffwagen – das war einfach keine Option für sie. Als sie die Aufmerksamkeit ihrer Freunde hatte, stand sie auf. Es war ihr anzusehen, dass es sie einige Überwindung kostete. Nochmals räusperte sie sich, bevor sie zu reden begann.

»Ich wollte mich bei euch bedanken – vor allem bei dir, Maria, dass du Hans und mich belauscht hast.«

Die Alten schmunzelten, und Hans wurde ein wenig rot.

»Hier habe ich tatsächlich die schönste Zeit meines Lebens verbracht.«

»Hier im Hotel?«, wollte Isabelle wissen.

Frida lächelte und schüttelte den Kopf.

»Nein, hier musste ich mich endlos abrackern. Aber jeweils abends am See und mit meinen Freunden …« Ihr Blick schweifte ab, und sicherlich war sie in Gedanken in einer ganz anderen Zeit. »Doch hier in diesem Hotel habe ich ihn kennen gelernt«, fuhr sie fort.

Inge warf Hans einen vielsagenden Blick zu.

»Er war Musiker, hatte lange Haare und einen mächtigen Seehundschnurrbart, der beim Küssen kitzelte.«

Frida machte eine kleine Pause, als würde sie das alles gerade in ihrer Erinnerung nochmals erleben.

»Erzähl weiter … wann war das?«, fragte Inge ungeduldig.

Frida musste keine Sekunde überlegen.

»Es war 1971. Seine Band nahm hier gerade ein neues Album auf, und ich durfte im Studio mit dabei sein.«

»Frida, du warst ein Groupie?«, fragte Luky lachend.

Frida nickte.

»Ja, das nennt man wohl so. Es war eine total verrückte Zeit, und ich war von den Nächten im Studio wahnsinnig fasziniert. Dann, eines Abends, das Album war fast fertig, hörten wir plötzlich viele Sirenen, Blaulicht überall ... Dann sahen wir den Grund: Das alte Casino unten am See brannte lichterloh. Die Flammen loderten meterhoch in den Nachthimmel, und über dem ganzen See war nur noch Rauch zu sehen. Ich war so fasziniert von all dem Feuer und dem Rauch über dem Wasser – wahrscheinlich spielten auch gewisse halluzinogene Drogen eine Rolle. Wunderbare Musik im Kopf und die Bilder vor meinen Augen, begann ich, immer wieder ›Rauch über dem Wasser, Rauch über dem Wasser‹ zu summen. Ja, und das hat die Band dann gleich an dem Abend noch zu einem neuen Song inspiriert.«

»Halt, halt«, rief Isabelle, »warte mal – ›Rauch über dem Wasser‹ –, aber du redest hier nicht etwa von ›Smoke on the Water‹ und Deep Purple!?«

Erstaunt schaute Frida Isabelle an.

»Du kennst das?«

»Scheisse, das ist eine Hymne!«, antwortete Isabelle aufgeregt. »Und dein Freund war wer?«

Frida zwinkerte Hans zu.

»Nein, nicht Julio, es war Jon Lord, der Keyboarder von Deep Purple.«

Isabelle sprang von ihrem Stuhl hoch, rannte zu Frida, fiel vor ihr auf die Knie und küsste ihre Schuhe.

»Du bist ein verdammter Rockstar!«, sagte sie laut.

Dann kam sie wieder hoch, nahm ihr Handy und schoss ein paar Fotos von sich und Frida. Die anderen Gäste fühlten sich in ihrer noblen Langeweile gestört.

Jetzt stellte sich Isabelle auf ihren Stuhl, zeigte auf die sichtlich überforderte Frida und rief, so laut sie konnte: »Ladies and Gentlemen, Frida ist ein gottverdammter Rockstar – dagegen seid ihr alle fucking Losers!«

Zwei Kellner »halfen« Isabelle, die ganz offensichtlich kein Glas Wein ausgelassen hatte, vom Stuhl. Die Alten lachten über ihren Auftritt, doch Frida war das Ganze äusserst peinlich.

»Und dann?«, fragte Inge.

»Dann wollte er, dass ich ihn auf Welttournee begleite. Aber das konnte ich meinen Eltern nicht antun. Das war zumindest das, was ich mir immer eingeredet habe. In Wahrheit fehlte mir wohl einfach der Mut. Doch heute konnte ich endlich mit mir Frieden schliessen.« Sie hob ihr Glas und sah Maria an. »Danke, Maria!«

Alle nahmen ihre Gläser und stiessen mit Frida an, die dann zu Maria ging und sie umarmte. Ihre Freunde applaudierten, was einigen im Saal nicht passte. Doch irgendwie begann die Stimmung trotz Isabelles ungehörigem Auftritt und Fridas Rede etwas lockerer zu werden, und es wurde auch an den anderen Tischen etwas lauter geredet und gelacht. Dann stand Luky auf, ging zum Bandleader und besprach etwas mit ihm. Ein paar Geldscheine wechselten den Besitzer, und beide schienen zufrieden. Als Luky wieder am Tisch Platz nahm, legte er seine Hand auf die von Maria und lächelte ihr zu. Sie genoss den Abend im Kreis ihrer Lieben sichtlich und hatte sogar leicht rosa Wangen bekommen.

Jetzt klopfte der Bandleader kurz an sein Mikrofon, und Luky flüsterte etwas in Marias Ohr, die ihn ungläubig anschaute.

»Auf ganz speziellen Wunsch – für Frida«, hauchte der Bandleader ins Mikrofon.

Frida war total perplex, die Alten applaudierten, und die restlichen Gäste schauten mit gemischten Gefühlen in Richtung der Band, die ziemlich verhalten die ersten Akkorde des Deep-Purple-Klassikers »Smoke on the Water« zu spielen begannen.

Die noblen Gäste, die sich Walzer, Tango und vielleicht einen zahmen Jive gewohnt waren, staunten über die rockigen Klänge. Ganz anders am Tisch der »Sonnenuntergäng« – da ging jetzt so richtig die Post ab.

Frida sprang auf und sang mit. Beim Refrain begann Luky, Luftgitarre zu spielen, als stünde er auf der Bühne, und auch Hans liess sich nicht lumpen und hüpfte trotz schmerzender Hüfte von einem Bein aufs andere. Inge stand plötzlich auf einem Stuhl und tanzte wie ein Profi. Einer nach dem andern erhob sich, und zum Schluss half Luky auch Maria auf die Beine.

Die Freunde lachten und genossen den Moment. Keiner der anderen Gäste hätte wohl vermutet, dass dieses Grüppchen alter Menschen noch vor ein paar Tagen ein tristes Dasein im Altersheim Abendrot gefristet hatte und nun nach einem bewaffneten Überfall auf der Flucht war.

Die Lebensfreude der Alten sprang auf die Band über. Die Musiker legten jetzt ihre vertraglich vereinbarte Zurückhaltung ab und rockten, was das Zeug hielt. Einige der Gäste verliessen unter Protest den Saal, andere hielten sich demonstrativ die Ohren zu. Doch an einem der vorderen Tische stand jetzt ein vornehmer Herr auf und begann, im Rhythmus zu klatschen, dazu ein dem Alter angepasstes Headbanging. Dann erhob sich auch seine Frau, schleuderte die ebenso teuren wie unbequemen Schuhe unter den Tisch und begann, barfuss zu tanzen. Die leicht überforderten Kellner gaben auf und liessen der verrückten Party ihren Lauf. Immer mehr Gäste getrauten sich, zu der Rockhymne zu tanzen, und als der letzte Ton verklang, standen sie alle auf dem Parkett und applaudierten der Band und auch ein bisschen sich selber für ihren Mut.

Die alten Freunde waren total ausser Atem. Luky öffnete die Tür zur Terrasse, die in den Hotelpark führte.

»Kommt mit, wir brauchen etwas frische Luft«, sagte er und winkte die andern hinaus.

Sie folgten ihm in die wolkenlos klare Nacht, zogen die frische und kalte Luft in ihre Lungen und waren wie berauscht. Mit jeder Faser ihrer Körper spürten sie, dass sie noch lebten und Spass haben konnten.

Luky kramte in seiner Hosentasche, zog das Säckchen mit Gras, das ihm der Dealer in Bern zugesteckt hatte, hervor und hielt es hoch.

»Weiss jemand, wie man einen Joint dreht?«, fragte er in die Runde.

Isabelle hob ihre Hand, aber Frida, die in voller Fahrt war, schnappte sich das Säckchen.

»Gib her!«, sagte sie lachend. »Hab das seit fünfzig Jahren nicht mehr gemacht. Aber ist sicher wie Radfahren.«

Isabelle reichte ihr eine ihrer Zigaretten und ein Papierchen und sah gespannt zu, wie Frida trotz leicht zittrigen Händen geschickt einen Joint drehte. Anerkennend nickte die junge Frau.

»Krass, die baut ja Joints wie ein Weltmeister!«

Frida steckte das kleine Bauwerk in ihren Mund, und Isabelle gab ihr Feuer. Nachdem sie einen tiefen Zug genommen hatte, ähnlich tief, wie sie das sonst nur aus ihrem Sauerstoffgerät tat, hatte das den erwarteten Hustenanfall zur Folge. Aber irgendwie war es diesmal ein befreiendes Husten.

Isabelle nahm Frida den Joint aus der Hand, nahm einen Zug davon und gab ihn an Luky weiter. Der zog den süsslichen Duft tief in seine Lungen und liess den Rauch langsam aus seinen Nasenlöchern in den Nachthimmel steigen. Er reichte das Teil an Maria weiter, die abwehrend beide Hände hob.

»Ich nicht ... oder ... doch!«

Nach einem ganz kleinen Zug gab sie den Joint hustend an Hans weiter.

»Macht schon!«, drängte Inge, die auch noch etwas davon haben wollte.

Dann liessen sie das Geschenk des Dealers nochmals im Kreis herumgehen, und diesmal getraute sich selbst Maria, einen etwas grösseren Zug zu nehmen.

Dann stand die »Sonnenuntergänge« ganz nahe beieinander. Maria hakte sich bei Luky unter und hielt mit der anderen Hand die von Isabelle, die froh war, dass alles wieder gut war zwischen ihnen beiden.

Frida stand auffallend nahe neben Hans, und Inge liess nun als Abschluss des kleinen Rituals ihren Flachmann ebenfalls im Kreis herumgehen. Doch langsam wurde es ihnen allen dann doch zu kalt, und sie gingen zurück in den Saal, wo die Band wieder gemässigtere Klänge spielte und sich fast alle Gäste auf dem Parkett drehten.

Mit einem friedlichen Lächeln auf ihren Gesichtern liessen sich die Freunde in ihre Stühle fallen und schauten den Tanzenden zu. Das viele feine Essen, der Wein, gefolgt von dem Joint, und zum Schluss der Wodka aus Inges Flachmann taten ihre Wirkung.

Doch diese Mischung machte nicht nur müde, sondern ganz offenbar auch mutig, denn plötzlich stand Hans auf und ging zu Frida. Mit einem verlegenen Lächeln stand er wie ein Schulbube, der seinen Schulschatz am Abschlussball zum Tanz auffordert, vor ihr und hielt ihr seine Hand entgegen. Frida nahm die Aufforderung an und stand ebenfalls auf. Die andern applaudierten, und Hans errötete wieder ein wenig. Gerade als die beiden unter den Blicken ihrer Freunde die Tanzfläche erreichten, war der Fox zu Ende, und die Band spielte etwas ganz Langsames. Hans und Frida schauten sich in die Augen und begannen zu tanzen. Anfangs noch etwas verhalten, aber dann immer enger. Maria schaute ihnen mit einem zufriedenen Lächeln zu.

Zwei Männer von anderen Tischen bemühten sich abwechselnd um Inge, die es genoss, zu tanzen und umworben zu werden, und auch eine attraktive Frau kam an ihren Tisch und bat Luky zum Tanz. Doch er lehnte dankend ab, zeigte auf Maria und meinte, dass er heute nur mit diesem feschen Madl tanzen würde. Und kurze Zeit später legten die beiden tatsächlich einen gepflegten, langsamen Walzer aufs Parkett.

Maria liess sich von Luky führen, schloss die Augen und sagte: »Danke, das war die verrückteste Party in meinem ganzen Leben – aber gelegentlich muss ich ins Bett.«

Luky nickte und tanzte galant mit ihr an den Tisch zurück. Alle wünschten Maria eine gute Nacht, und es war ihnen anzusehen, wie glücklich und zufrieden sie alle waren.

Während Luky mit Maria am Arm aus dem Saal ging, wurde Inge schon wieder auf die Tanzfläche gebeten. Isabelle füllte nochmals ihr Glas mit Rotwein, und Frida legte ihre Hand auf die von Hans und zwinkerte ihm zu.

26

Die Wintersonne ging mit fahlem Licht über dem Genfersee auf. Und obwohl es schon weit nach neun Uhr war, schliefen die Bewohner der Suiten im »Montreux Palace« noch. Die lange Nacht, der Alkohol und die traumhaften Betten waren selbst für Bewohner mit seniler Bettflucht eine zu starke Kombination.

Frida drehte sich auf die Seite, ein Lächeln war auf ihrem Gesicht. So entspannt und wohlig hatte sie sich schon sehr, sehr lange nicht mehr gefühlt. Zärtlich streichelte sie Hans' Wange. Er war gerade am Aufwachen und streckte sich.

»Guten Morgen, hast du gut geschlafen?«, fragte Frida.

Hans murmelte etwas Unverständliches, und Frida kuschelte sich nochmals an ihn. Er küsste sie auf die Stirn.

»Und wie geht es dir heute Morgen?«, fragte er zurück.

Frida lächelte ihn an.

»Es war wunderschön, mein Julio.«

Hans konnte sich ein stolzes Lächeln nicht verkneifen, was Frida nicht verborgen blieb.

»Es gibt keine guten Liebhaber, nur geschickte Frauen«, sagte sie und holte Hans in die Realität zurück.

Er verdrehte die Augen, und Frida lachte wie ein junges Mädchen. Hans drehte sich und legte sich halb auf Frida.

»Das wollen wir mal sehen«, sagte er mit gespielt ernster Miene.

Frida lachte noch immer.

»Übernimm dich ja nicht, ich will nicht schon jetzt Witwe werden ...«

Er küsste sie.

»Wenn die vom ›Abendrot‹ uns jetzt so sehen könnten ...«

»Grandiose Idee«, sagte Frida. »Mach mal etwas Platz.«

Hans setzte sich auf und sah, wie sich Frida das Hoteltelefon schnappte und sich mit dem Altersheim Abendrot verbinden liess. Hans wollte ihr das Telefon wegnehmen.

»Mach keinen Blödsinn«, bat er sie, aber Frida war in voller Fahrt.

Daniela Kunz war in den bevorstehenden Monatsabschluss des Altersheims vertieft, als das Telefon klingelte. Sie staunte nicht schlecht, als sich eine bekannte Stimme meldete.

»Oh, die Frau Chefin höchstpersönlich.«

Die Kunz sprang auf.

»Frau Pizetta! Sie? – Die Polizei sucht ...«

Doch Frida liess sie nicht ausreden.

»Wir möchten Ihnen schöne Weihnachten wünschen – und lecken Sie uns am Arsch!«

Frida legte auf, und Hans und sie lachten und zogen sich die flauschige Bettdecke über ihre Köpfe. Darum hörten sie das Klopfen an ihrer Tür erst beim zweiten Mal. Es war Luky, der alle informierte, dass er Frühstück bestellt habe und dass es langsam Zeit sei, aufzustehen.

Als Frida und Hans Hand in Hand aus ihrer Suite kamen, sassen die anderen an einem grossen, weiss gedeckten Tisch, auf dem alle erdenklichen Speisen standen. Luky, Inge und Maria assen warme Croissants, Isabelle begnügte sich mit schwarzem Kaffee und zwei Aspirin.

Als alle erstaunt zu ihnen aufsahen und Inge gerade zu einer Frage ansetzen wollte, hob Frida abwehrend ihre Hand.

»Liebe Inge, auch wir verbitten uns jeglichen Kommentar!«

Luky überbrückte den Moment mit der Frage: »Orangensaft?« Er schaute Hans an und konnte sich die Ergänzung: »Gibt Manneskraft«, nicht verkneifen.

Hans lachte und nickte, dann setzten sich die beiden zu ihren Freunden an den Tisch. Luky stand auf und ging zu einem kleinen, am Fenster platzierten Beistelltisch, auf dem der Saft, Wasser und Champagner in einem silbernen Kühler standen, an dem das Kondenswasser in kleinen Tropfen hinablief. Luky zog die Glaskaraffe mit dem frisch gepressten Orangensaft aus dem Eis und schaute aus dem Fenster. Die Karaffe entglitt seiner Hand und zerbarst auf dem Marmorboden in tausend Stücke. Der Inhalt spritzte meterweit. Luky traute seinen Augen nicht: Vor dem Eingang standen mehrere Polizeifahrzeuge. Die ganze Vorfahrt war mit Bändern abgesperrt, und schwer bewaffnete Spezialeinheiten patrouillierten mit Hunden.

Der Knall der Karaffe, aber noch mehr Lukys »Die Bullen! Verdammt! Alles ist voller Bullen« liess die Alten aufschrecken.

Sie schossen aus ihren Stühlen hoch und kamen zu Luky ans Fenster. Da hatten sie den Schlamassel. Maria wurde bleich und begann am ganzen Körper zu zittern. Frida schob schnell einen Sessel in ihre Richtung. Maria machte einen taumelnden Schritt und setzte sich.

Frida schaute Hans an.

»Ich frage dich jetzt nicht, ob du einen Plan hast.«

Maria stöhnte und schloss die Augen.

»Wir müssen hier raus, und zwar schnell«, sagte Frida, ohne ihren Blick von Maria abzuwenden.

Luky schaute nochmals zum Eingang hinunter.

»Vergesst es, da haben wir keine Chance.«

Inge, die bis jetzt geschwiegen hatte, drehte sich resolut zu ihren Freunden.

»Ihr packt jetzt eure Sachen zusammen.« Und mit einem Blick zu Frida fragte sie: »Gibt es irgendeinen Personalausgang in die Garage?«

Frida nickte. Gleichzeitig tunkte sie eine Serviette ins Eiswasser und legte sie Maria auf die Stirn.

»Gut«, sage Inge weiter, »den nehmt ihr. Ich gehe runter und stelle mich der Polizei. Das wird sie ablenken und euch die nötige Zeit verschaffen, zu verschwinden … Ich mag Berge und Schnee eh nicht so.«

Maria, die sich von ihrem Schreck etwas erholt hatte, murmelte: »Nein, Inge, auf keinen Fall.«

Auch Luky war strikt gegen die Idee. Doch Inge blieb hart.

»Es ist entschieden. Ich diskutiere nicht mehr. Los! Macht schon, bevor sie hier sind.«

Die Art und Weise, wie Inge das sagte, liess keinerlei Widerspruch zu, und so verschwanden alle in ihren Suiten und packten ihre Sachen in die neuen Rollkoffer. Inge ihrerseits zog ihr bestes Kleid an und schminkte sich, als ginge sie auf die Bühne und nicht zum Schafott. Als sie fertig war, öffnete sie die Minibar, nahm eine kleine Flasche Champagner heraus, goss sich ein Glas bis zum Rand ein und prostete sich im Spiegel zu, bevor sie es in einem Zug leerte.

Derweil versammelten sich im Wohnbereich der Suiten ihre äusserst nervösen Freunde und wirkten mit ihren Koffern wie Flüchtlinge, die angstvoll darauf warteten, was wohl mit ihnen geschehen würde. Als Inge aus ihrer Suite kam, umarmten sich alle schweigend.

Dann nickte Inge und meinte: »Los jetzt!«

Frida ging voraus zu einem Personallift, der vor allem benutzt wurde, um die Unmengen Wäsche, die in so einem Hotel jeden Tag gewaschen werden musste, von und in die Waschküche zu transportieren. Im Keller gab es eine Verbindungstür in das hoteleigene Parkhaus, wo der alte Bus geparkt war.

Mit einem hellen Glockenton öffnete sich die Fahrstuhltür in der Lobby, und Inge schritt hoch erhobenen Hauptes aus dem Fahrstuhl in die Hotelhalle. Überall standen Polizisten und Security-Männer, die über ihre Kopfhörer miteinander verbunden waren. Inge nahm einen tiefen Atemzug, ging auf einen der Polizisten zu und tippte ihm auf die Schulter.

»Junger Mann, ich denke, Sie sind meinetwegen hier«, sagte sie mit fester Stimme.

Der schwer bewaffnete Polizist runzelte die Stirn und schob Inge ein wenig zurück.

Mit französischem Akzent erwiderte er: »Gehen Sie bitte hinter die Abschrankung zurück.«

Im selben Moment sah Inge durch die grosse Glasdrehtür, wie eine Staatskarosse vor das Hotel fuhr. Auf den Kotflügeln flatterten Fähnchen eines Staates, den sie nicht kannte. Auf beiden Seiten wurde die Limousine von Polizisten auf Motorrädern eskortiert. Sofort schirmte die Security das Fahrzeug ab und bildete einen Korridor von der hinteren Tür des Wagens zum Eingang des Hotels. Aus dem Auto stieg ein Scheich in seiner traditionellen Kleidung.

Jetzt erst begriff Inge, dass das Polizeiaufgebot gar nicht ihnen galt und sich kein Mensch um ein paar alte Räuber kümmerte, sondern sich alles nur um den hohen Staatsgast drehte. Sie machte auf dem Absatz kehrt und ging, so schnell und so unauffällig sie konnte, zurück zum Aufzug, drückte vier-, fünfmal hintereinander den Knopf, der ihn holen sollte, und huschte, als die Tür endlich aufglitt, hinein und drückte den Knopf zum Parkhaus.

Als sie unten ankam, war der alte Bus nirgends zu sehen. Schnell ging sie zur Ausfahrtsschranke. Waren ihre Freunde etwa schon weg? Da hörte Inge den alten klapprigen Motor aus dem zweiten Untergeschoss hochkommen. Der Hotelpage hatte ihren Hippie-Bus wahrscheinlich so weit wie möglich weg von den teuren Luxusautos der anderen Gäste geparkt. Sie winkte Luky zu, der hinter dem Steuer sass. Die Schiebetür wurde von innen aufgerissen, und Inge sprang in den Bus, der sofort weiterfuhr und die Rampe zur Strasse hochschoss. Inge rang nach Atem.

»Die waren nicht wegen uns da. Aber fahr weiter! Da muss nur einer unsere Fahndungsfotos gesehen haben, und wir sind definitiv geliefert.«

Die Alten lehnten sich in ihren Sitzen zurück. Sie waren unendlich froh, dass Inge sich nicht für sie hatte opfern müssen.

Als Luky auf die Hauptstrasse bog, meldete sich Maria, der es ein bisschen besser zu gehen schien.

»Aber, was ist mit der Hotelrechnung?«, wollte sie wissen.

Frida legte einen Arm um sie und versuchte, sie zu trösten: »Auf ein bisschen Zechprellerei kommt es jetzt auch nicht mehr an«, meinte sie, »und überhaupt: Damals haben die mich so mies bezahlt! Jetzt sind wir quitt.«

Hans und Luky warfen sich einen vielsagenden Blick zu, und Isabelle lachte.

»Hey, lasst mich doch bitte beim Bahnhof raus«, sagte sie. »Euer crazy Lebensstil ist too much für mich. Echt.«

Luky nickte.

»Kein Problem«, sagte er und fuhr in Richtung Bahnhof.

Isabelle drehte sich zu Maria um und sagte leise zu ihr: »Maria, ich will mich nochmals bei dir entschuldigen wegen meiner Kommentare – und mich bedanken, dass du mich mitgenommen hast.«

Maria winkte ab.

»Alles gut. Du hast mir sehr geholfen, die ganze Sache aus einer anderen Sicht zu sehen. Ich wäre froh, hätte mir das jemand schon vor Jahren gesagt, vielleicht wäre dann einiges anders gekommen.«

Isabelle zog ihr Handy aus der Jackentasche.

»Ich habe ein bisschen recherchiert«, sagte sie und zeigte Maria ein Foto. »Ist das Steffi?«

Maria nahm das Handy und schaute das Foto genau an; dann kullerten ihr ein paar Tränen über die Wangen, und sie nickte.

»Das Problem ist«, redete Isabelle weiter, »ich habe keine Adresse und keine Telefonnummer von ihr – doch ich könnte ihr eine Nachricht schreiben. Aber ich weiss nicht, ob sie die liest. Nur, wenn du willst.«

Maria nickte und wischte sich die Tränen aus dem Gesicht.

»Und was soll ich schreiben?«, fragte Isabelle.

Maria überlegte, während Luky vor den Bahnhof fuhr.

»Bitte schreib: ›Liebe Steffi, ich glaubte immer, Dein Bestes zu wollen. Es hat sehr lange gedauert, bis ich gemerkt habe, dass es immer nur um mich ging. Entschuldige bitte, Dein Omi‹.«

Isabelle tippte und schaute dann nochmals zu Maria hoch.

»Soll ichs wirklich schicken?«

»Ja, bitte«, sagte Maria.

»Gut – und ich gebe Luky Bescheid, falls ich was höre.«

Der Bus stoppte vor dem Bahnhof in Montreux. Isabelle packte ihre Sachen.

»Euch eine geile Zeit in den Bergen – ihr seid alle schwer in Ordnung!«

Alle umarmten Isabelle und wünschten ihr das Beste. Maria drückte sie besonders fest.

»Und dir die schönsten Weihnachten, und überhaupt …«, sagte Isabelle und merkte, dass auch sie plötzlich mit den Tränen kämpfte, obwohl sie diese alten Leutchen erst seit so kurzer Zeit kannte. Winkend ging sie zum Bahnhofsgebäude, als Luky losfuhr.

»Gstaad, wir kommen!«, rief er und hupte nochmals zum Abschied.

»Luky, warum fährst jetzt eigentlich wieder du?«, wollte Inge wissen.

Luky drehte sich lachend zu ihr um.

»Weil ich im Halbschlaf immer noch besser fahre als Hans in Topform.«

Der Bus fuhr erst noch eine Weile dem Genfersee entlang, bevor es in Richtung der bekannten Weinorte Yvorne und Aigle und dann Richtung Leysin weiterging. Es war still im Bus, alle hingen ihren Gedanken und Eindrücken der letzten Nacht nach – und ein kleiner Kater fuhr sicher auch noch mit. Plötzlich kippte Maria vornüber.

»Halt an!«, schrie Frida und versuchte, sie wieder aufzurichten.

Doch ihre Freundin hatte das Bewusstsein verloren und atmete nur noch ganz flach. Luky fuhr den alten Bus an den Strassenrand, und sofort eilten ihr alle zu Hilfe. Vorsichtig legten sie die kleine, zerbrechliche Frau in der Mitte des Busses auf den Boden und platzierten ihre Füsse auf einen Sitz. Hans nahm etwas von dem Schnee, der in kleinen Haufen am Strassenrand lag, wickelte ihn in sein Taschentuch und legte es Maria auf die Stirn. Inge hielt schon mal ihren Flachmann, der mit bestem Hochprozentigem aus den »Montreux Palace«-Beständen randvoll gefüllt war, für Maria bereit. Langsam kehrte Leben in die alte, kranke Frau zurück, und sie schaute sich verwundert um.

»War wohl alles etwas viel«, meinte Luky mit einem Lächeln.

Bleich nickte Maria und wollte etwas Entschuldigendes sagen, aber Frida, die ihre Hand hielt, winkte ab.

»Alles gut, meine Liebe.«

Nach weiteren dreissig Minuten, in denen Maria zuerst einen Schluck Wasser zu sich genommen und sich dann etwas aus dem Flachmann genehmigt hatte, ging es ihr etwas besser. Luky und Hans standen neben dem Bus, als es in dicken Flocken zu schneien begann.

»Denkst du, sie schafft es bis Gstaad?«, fragte Luky.

Hans zog die Schultern hoch.

»Wir müssen es einfach versuchen. Fahr, so schnell es geht, aber pass auf, die Strasse wird immer rutschiger.«

Um seinen Worten zusätzlich Nachdruck zu verleihen, scharrte er mit seinen Schuhen über den frischen Schnee, der auf dem Boden lag.

Frida schaute nun Hans an und hob den Daumen.

»Okay, es kann weitergehen«, sagte Hans, und die beiden Männer kletterten in den Bus.

Die ersten Kurven nahm Luky noch sehr langsam. Er wollte sehen, wie Maria die Weiterfahrt verkraftete, und zudem ausprobieren, wie viel die schon ziemlich abgefahrenen Winterreifen noch hergaben. Beide Tests verliefen positiv, und so gab Luky sukzessive mehr Gas, um möglichst schnell in Gstaad anzukommen. Doch noch immer hatten sie keine Ahnung, wo sie dort wohnen konnten, und Maria brauchte dringend ärztliche Hilfe.

27

Polizist Rast war erstaunt, als er den Anruf aus dem Altersheim Abendrot bekam. Das war sicherlich der letzte Ort, von dem er einen entscheidenden Hinweis erwartet hätte. Rast setzte sofort alle fahndungstechnischen Hebel in Bewegung, und schon kurze Zeit später kam er mit einem süffisanten Grinsen in das Büro seines Chefs.

»Okay, was wir wissen, ist Folgendes: Der Anruf von Frida Pizetta ins Altersheim kam aus dem ›Montreux Palace‹.«

»Von wo?«, wollte Studer wissen, da er glaubte, sich verhört zu haben.

»Kein Scherz – und er kam auch nicht aus einem bescheidenen Einzelzimmer oder so, nein: aus einer Suite!«

»Echt jetzt? Die lassen nichts aus.«

Studer stand auf, zog die Jacke an und steckte sein Handy in die Tasche.

»Gut, dann los, schnappen wir sie uns.«

»Sie sind leider heute Morgen abgereist oder, besser gesagt, abgeschlichen – und haben eine offene Rechnung von fast zwölftausend Franken hinterlassen.«

»Zwölftausend?! Wie lange waren die denn da?«

»Äh … eine Nacht«, sagte Polizist Rast.

»Zwölftausend?!«, wiederholte Studer ungläubig. »Und wo sind sie jetzt? Mit dem Privatjet nach Sankt Moritz?«

»Fast«, meinte Rast. »Der Concierge glaubt, dass sie nach Gstaad unterwegs sind.«

»Ah, ja – warum nicht Gstaad, dort gibt es sicher auch Hotels, die standesgemäss zwölftausend pro Nacht kosten.«

»Nein, kein Hotel, der Concierge wusste auch, dass sie kein Hotel suchen, sondern ein Chalet. Doch zwischen Weihnachten und Neujahr ist praktisch alles voll. Er bezweifelt, dass sie noch was finden.«

»Ich denke, für zwölftausend pro Nacht findet man auch in Gstaad noch einen Stall für Weihnachten. Ich fahr jetzt da hoch«, sagte er.

Rast schaute erstaunt.

»Aber du, das ist doch die Angelegenheit der Kollegen in …«

»… ich will die Sache regeln, bevor der Wachmann durchdreht und Schlimmeres passiert«, sagte Studer, schnappte sich die Autoschlüssel und ging hinaus.

Der Bus der Alten fuhr durch das tief verschneite Gstaad. Schon von weitem sahen sie die Klinik – oft Endstation von übermütigen Skifahrern oder überforderten Bergsteigern. Am Eingang leuchtete ein rotes Kreuz auf weissem Untergrund. Luky stoppte den Bus direkt davor, und Hans und Frida halfen Maria, die noch immer ganz zittrig auf den Beinen war, aus dem Bus. Luky stieg ebenfalls aus und bat Hans, dass er sich um ein Chalet kümmerte, während er mit Maria mitginge. Hans nickte, wünschte Maria gute Besserung und stieg hinter das Lenkrad.

»Und jetzt, wohin gehen wir?«, wollte Frida wissen.

»Zur Touristeninformation, die wissen am besten, wo was frei ist, hat uns der Concierge gesagt.«

Als sie losfuhren, sahen sie, wie Luky und Maria Arm in Arm in der Klinik verschwanden.

Nur ein paar hundert Meter weiter war die Touristeninformation, in einem schicken Pavillon auf einem kleinen Platz, der von Dutzenden festlich geschmückten und beleuchteten Christbäumen umgeben war. Hans parkte direkt davor und bat Frida und Inge, kurz zu warten.

In dem kleinen Gebäude war es wohlig warm. Hans setzte sich an einen der Beratungstische und wurde bald von einer netten Dame bedient. Doch schon nach ein paar Klicks auf ihrem Computer schob sie die Lesebrille auf ihr kurzes braunes Haar zurück und schüttelte den Kopf.

»Nein, das ist aussichtslos. Da hätten Sie vor Monaten buchen müssen«, meinte sie.

»Aber es ist ein Notfall«, versuchte es Hans nochmals.

Die Frau zog eine Liste hervor und blätterte sie konzentriert durch, doch als sie an deren Ende angelangt war, schüttelte sie erneut verneinend den Kopf.

Plötzlich begann Hans am ganzen Körper zu zittern, und Speichel lief ihm aus dem Mundwinkel. Die Tourismusangestellte erschrak sich fast zu Tode.

Hans reckte seine zitternde Hand in ihre Richtung und stammelte: »Wasser, bitte, Wasser …«

Die Frau sprang von ihrem Stuhl hoch und verschwand in der kleinen Büroküche. Hans schnappte sich die Liste, die die Angestellte eben noch durchgesehen hatte, und steckte sie unter seinen Pullover. Die besorgte Frau kam zurück und streckte dem immer noch zitternden Hans ein Glas Wasser entgegen.

»Alles in Ordnung, brauchen Sie einen Arzt?«, fragte sie fürsorglich.

Hans schüttelte den Kopf, nahm einen grossen Schluck Wasser, dann ein paar tiefe Atemzüge, und langsam schien es ihm wieder besser zu gehen.

»Nein, es geht schon«, sagte er, »wohl zu wenig getrunken heute, und dazu die Höhe, alles wieder gut.« Er nahm noch einen Schluck und tat so, als würde er sich eine Pille in den Mund schieben. Dann blickte er die Angestellte an, die sich wieder gesetzt hatte, und fragte: »Gibt es eine Chance, dass sich heute noch etwas ändert? Oder vielleicht morgen?«

»Kaum«, sagte die Angestellte. »Ich mache jetzt Schluss, aber ich informiere meine Kollegin, damit sie Bescheid weiss.«

Hans stellte das leere Glas auf den Tisch zurück.

»Danke, sehr nett, dann komme ich später nochmals vorbei.«

Im Zimmer vier der Gstaader Klinik lag die bleiche Maria an diverse Geräte angeschlossen. Luky sass neben ihr in einem Lehnstuhl und hielt ihre Hand. Maria schaute zu dem grossen Fenster und sah, dass es wieder zu schneien begann. Ein fast unmerkliches Lächeln huschte über ihr Gesicht.

28

Nicht nur Kommissar Studer war unterwegs. Wachmann Rolf war mit seinem getunten Nissan eben beim Hotel Montreux Palace vorgefahren. Das Netzwerk der Security-Firmen war ganz offensichtlich gut organisiert. Rolf stieg aus und betrachtete sich den Nobelschuppen von aussen. Ein Security-Mann kam aus dem Hotel auf ihn zu, und mit einem Abklatschen begrüssten sie sich.

»Hallo, Rolf«, sagte der, ohne eine Miene zu verziehen.

»Du kennst mich?«, fragte Rolf.

»Wer nicht …«

Rolf wartete auf den obligaten dummen Spruch, aber es kam keiner.

»Und du bist ganz sicher, dass es sich um ›meine‹ Alten handelte?«, wollte Rolf wissen. Er zog das in der Zwischenzeit schon arg zerknitterte Revolverblatt aus seiner Lederjacke, strich die Titelseite mit den Fotos glatt und zeigte sie dem Security-Mann des »Palace«. »Erkennst du sie?«

Der Mann warf einen Blick darauf, nahm die Zeitung und ging ins Hotel. Rolf wartete lieber. Er fühlte sich schon vor dem Hotel mit all dem noblen Getue und Firlefanz nicht wohl. Er sah, wie der Security-Mann die Zeitung der Rezeptionistin und dem Concierge zeigte und dann zurückkam.

»Ja, kein Zweifel, das sind die Alten aus den Suiten.«

Er gab Rolf die Boulevardzeitung zurück.

»Und warum hat sie niemand von euch erkannt? Die Fotos waren ja auf der Titelseite?«

»Du bist hier im ›Montreux Palace‹, Mann, da findest du die ›Financial Times‹, das ›Wall Street Journal‹ oder die ›Vogue‹, aber bestimmt nicht dein Käseblatt!«

»Scheissbonzen«, murmelte Rolf. »Und warum seid ihr so sicher, dass es meine Alten waren, ihr habt ja sicher die ganze Hütte voll mit reichen Greisen?«

»Machst du Witze? Die haben hier gestern Nacht die Party des Jahres geschmissen.«

»Party? Meine Alten? Mit Rollator, Sauerstoffgerät und so?«

»Exakt. Haben reingehauen, als gäbs kein Morgen mehr, und Drogen sollen auch im Spiel gewesen sein.«

Rolf schüttelte den Kopf.

»Das sind unmöglich die, die ich suche.«

Der Wachmann riss Rolf die Zeitung wieder aus der Hand.

»Genau diese da waren es und keine anderen«, sagte er und tippte mit dem Finger von Foto zu Foto, »wenn ichs dir doch sage!«

»Okay, okay«, beschwichtigte Rolf, »schon gut, und wo sind sie jetzt?«

»Nun ja, ich habe gehört, wie der Concierge mit einem Bullen aus Zürich telefonierte und ihm sagte, dass sie wahrscheinlich nach Gstaad unterwegs seien.«

»Gstaad also.«

Rolf nickte anerkennend.

»Ich denke, du musst dich beeilen, wenn du der Polizei zuvorkommen willst.«

»Und ob, die Alten gehören mir, verdammte Scheisse!«

Rolf klopfte seinem Kollegen auf die Schulter.

»Danke, du hast was gut bei mir«, sagte er und ging zu seinem Wagen.

»Eine gute Freundin heiratet bald, könntest als Stripper kommen ...«, sagte der Security-Mann mit ernster Miene.

Mit einem lauten »Leck mich am Arsch« stieg Rolf in sein Auto und brauste los.

29

In dem alten Bus neben der Tourismusinformation gingen seltsame Dinge vor. Hans und Frida hatten ihre grossen Koffer geöffnet und sich in der Zwischenzeit umgezogen. Frida arbeitete noch an ihrem Make-up, während Inge dabei war, Hans' Krawatte mit einem doppelten Windsorknoten perfekt zu binden.

»Und du glaubst, das klappt?«, fragte sie Hans.

Hans nickte.

»Es muss. Ich hab die Liste vom Tourismusbüro genau studiert, es ist die einzige Chance, die wir haben.«

Inge betrachtete Frida und pfiff anerkennend durch die Zähne. Hans traute seinen Augen nicht. Frida hatte sich wirklich in eine elegante Lady verwandelt.

»Ihr seid ein schönes Paar«, sagte Inge anerkennend.

»Also los!«, sagte Hans, und gemeinsam mit Frida kletterte er aus dem Bus und ging mit ihr zurück ins Tourismusbüro, wo unterdessen die zweite Angestellte ihren Dienst angetreten hatte.

»Was kann ich für Sie tun?«, fragte sie, als das adrette, ältere Paar das Büro betrat.

Hans kramte seinen besten britischen Akzent hervor und sagte: »Meine Frau und ich haben ab dem sechsundzwanzigsten Dezember das Chalet Aurora für zehn Tage gemietet. Stone, James and Dorothy Stone from Bath, England.«

Die Angestellte tippte etwas in ihren Computer.

»Ja, Mister Stone, das stimmt, aber heute ist erst der zweiundzwanzigste…«

»I know, wir sind etwas früher…«, sagte Hans und schaute von der Seite Frida an, die, wie zuvor im Bus eingeübt, übernahm: »… uns hat Lucerne nicht so gefallen … zu viele Ausländer …«

Hans nickte ihr zu, und sah dann wieder zur Angestellten.

»… yes, far too many … wir wollten fragen, ob es möglich wäre, dass wir das Chalet jetzt schon beziehen. Der Preis spielt keine Rolle«, sagte er.

»That would be phenomenal«, ergänzte Frida.

Die Angestellte bat um ein paar Minuten Geduld und schien etwas zu suchen. Doch sie konnte nicht finden, wonach sie Ausschau hielt. Hans wusste genau, was sie suchte – die verschwundene Liste befand sich im alten Bus –, doch er zuckte mit keiner Wimper.

»Sorry«, sagte die Angestellte, »wo ist denn – ach was, ich rufe einfach kurz an.«

Sie nahm ihr Telefon vom Tisch und wählte eine Nummer. Während sie warteten, nahm Frida eine Ansichtskarte mit einem Foto von Gstaad aus einem Ständer und steckte sie als Souvenir in ihre Handtasche. Nach einem kurzen Gespräch wandte sich die Angestellte mit einem Lächeln wieder dem netten, englischen Ehepaar zu.

»Wir können eine Ausnahme machen, aber es ist leider niemand da, der Ihnen alles zeigen kann. Der Preis ist der gleiche wie für die anderen Tage.«

»You are a darling«, säuselte Frida und gab Hans einen Kuss auf die Wange, was nicht einstudiert war und Hans fast seinen nächsten Text vergessen liess.

»No problem, wo soll ich unterschreiben?«

Mit ebenfalls eingeübter Unterschrift, schrieb Hans seinen falschen Namen unter den Mietvertrag. Die Angestellte händigte ihm einen Schlüssel aus und einen Ortsplan, auf dem das Chalet Aurora eingezeichnet war. Hans nahm alles an sich, sie verabschiedeten sich freundlich und verliessen Arm in Arm das Tourismusbüro. Als sie den Bus erreichten, kam gerade Luky vom Spital her dazu. Verdutzt schaute er Hans und Frida an.

»Äh … wie seht ihr denn aus?«

Hans liess den Schlüssel des Chalets an seinem kleinen beringten Finger baumeln und sagte triumphierend: »Chalet Aurora.«

Luky nickte anerkennend.

»Wie geht es Maria?«, wollte Frida wissen.

»Sie wurde stabilisiert, und dank den Medikamenten ist sie schnell eingeschlafen. Morgen wissen wir mehr«, antwortete Luky.

»Heute können wir nichts mehr für sie tun, also lasst uns ein paar Sachen einkaufen und dann das Chalet besichtigen – es gibt noch viel zu erledigen«, sagte Inge.

Sie fuhren los, und während Hans versuchte, anhand der Skizze das Chalet Aurora zu finden, wollte Luky genauer wissen, was es mit Fridas und Hans' Aufmachung auf sich hatte.

»Hans hatte einen Plan«, sagte Frida nur, »und diesmal hat er perfekt funktioniert.«

Sie drückte ihrem Hans einen Kuss auf die Wange, und der strahlte wie ein Maikäfer.

Nach einigen steilen Kurven erreichten sie das Chalet. Es war riesig, eine Mischung aus altem Bauernhaus und moderner Renovation. Der ganze Dachstock war verglast, was wohl eine unvergleichliche Sicht auf die Berge ermöglichte. Jemand hatte tagsüber schon Schnee geschaufelt, und im Haus brannte Licht.

»Sicher eine Schaltuhr als Vorsichtsmassnahme gegen Einbrecher«, meinte Hans.

Er steckte den Schlüssel in das Türschloss und öffnete die grosse Haustür. Wie von Geisterhand ging jetzt dank den Bewegungsmeldern das Licht in dem grossen Entrée an. Staunend betraten die Alten das Chalet. Es roch nach feinstem Arvenholz. Für den unanständig hohen Mietpreis hatten sie schon etwas Schönes erwartet, aber das Wohnzimmer übertraf ihre Erwartungen bei weitem. Es war gigantisch. Der Raum war mindestens zehn Meter hoch und reichte bis unters Hausdach. Eine Galerie zog sich entlang des ganzen Raumes, von wo aus sicher die Schlafzimmer abgingen. Das Wohnzimmer wurde durch einen grossen Kamin in der Mitte in zwei Bereiche aufgeteilt. Auf der einen Seite gab es eine gemütliche Sitzecke, auf der Felldecken und Kissen aus erlesenen Stoffen perfekt drapiert waren. In der anderen Raumhälfte stand ein riesiger Esstisch aus verwittertem Holz, auf dem eine

Glasplatte zu schweben schien. An den hohen Wänden hingen Hirschgeweihe und dazwischen moderne Bilder. Überall gab es silberne Kerzenständer in allen Grössen und Formen. Alles war stilvoll dekoriert.

»Alpenchic – ich liebe es«, sagte Inge und drehte sich wie ein kleines Kind um ihre eigene Achse, um den ganzen Raum zu sehen. Hinter dem Esstisch führte eine Tür in eine professionelle Küche, die jedem Restaurant alle Ehre gemacht hätte. Frida war begeistert und begann neugierig, ein Kästchen nach dem anderen zu öffnen und in jede Schublade zu schauen.

»Ja, bei der Ausstattung wird der Weihnachtsbraten bestimmt gelingen«, meinte sie zufrieden.

Hans und Luky stiegen die offene Treppe hoch zur Galerie. In die Dachschräge waren Regale eingebaut, die mit Büchern vollgestopft waren – ein Paradies für Hans. Vor allem der edle Lesestuhl mit Fusshocker würde sicher für die nächsten Tage sein Lieblingsplatz werden.

Luky öffnete eine der vielen Türen und betrat eines der Schlafzimmer. Selbstverständlich mit eigenem Bad und allen Schikanen.

Anerkennend klopfte er Hans auf die Schulter und sagte: »Ich muss schon sagen, das hätte ich nicht viel besser hinbekommen.«

Gemeinsam gingen sie wieder hinunter in den Wohnraum, um den Frauen zu berichten, dass es auf jeden Fall genügend Schlafzimmer für alle gebe, was besonders Inge sehr freute. Hans war stolz und glücklich, dass jetzt doch noch alles zu klappen schien.

»Aber sag mal«, fragte Luky, »was kostet die Loge eigentlich?«

Hans zog die Schultern hoch und meinte: »Nichts, wir sind bis am sechsundzwanzigsten Dezember eingeladen von Mister und Misses Stone, einem sehr netten englischen Ehepaar.«

Luky setzte sich auf ein bequemes Sofa und begann laut zu lachen.

»Was ist?«, wollte Hans wissen, aber Luky konnte vor lauter Lachen nicht antworten.

Jetzt kamen auch Frida und Inge dazu. Noch immer prustend ging Luky zu einem prall gefüllten Weinklimaschrank in der Küche und kam mit einer Flasche Weisswein und vier Gläsern zurück.

»Was ist denn los?«, fragte Frida.

Nachdem Luky allen ein volles Glas gereicht hatte, prosteten sie einander zu und nahmen einen Schluck.

»Machs nicht so spannend«, drängte nun auch Inge.

»Setzt euch«, sagte Luky, lachte noch einmal auf und begann dann zu sprechen: »Das alles ist wirklich kaum zu glauben ... Und wisst ihr, was das Verrückteste ist?«

Die andern schauten ihn fragend an.

»Wir haben eine Bijouterie überfallen und ein paar wertvolle Uhren geklaut, richtig?«

Alle nickten, hatten aber keine Ahnung, was daran so lustig sein sollte.

»Die Uhren wollten wir einem Hehler verkaufen, den wir aber ausgetrickst haben, nachdem er unverschämt wurde. Das heisst? Wir haben die Uhren immer noch und leben von dem Geld des Gauners. Im ›Palace‹ hatten wir die tollste Fete, und bezahlt haben wir ...«

»... nichts«, fiel ihm Frida ins Wort. »Und das ganz zu Recht, das war der Lohn, den sie mir noch schuldeten für die ganze Plackerei damals.«

»Genau«, stimmte ihr Luky zu und fuhr fort: »Und jetzt sitzen wir im schönsten Chalet von Gstaad und sind eingeladen von einem netten englischen Ehepaar ... Wir machten uns solche Sorgen, dass wir das Geld für Marias Weihnachten nicht zusammenbekommen würden, sodass wir fast aufgegeben hätten. Und jetzt

sitzen wir hier und haben eigentlich gar kein Geld gebraucht –
und niemandem wirklich etwas gestohlen, ausser dem Dealer, und
der wird uns nicht anzeigen, denke ich …«

»… na ja, ausser dem Dealer und dem Bijoutier Peter Klein«,
wandte Hans ein.

Doch jetzt war allen klar, weshalb Luky so gelacht hatte.

»Man muss die Dinge im Leben manchmal einfach machen.
Einfach losgehen und darauf vertrauen, dass alles gut kommt«,
sinnierte Inge.

»Genau«, sagte Frida und füllte allen die Gläser nach.

»Ich habe eine Idee«, sagte Hans, stand auf, ging zu seinem Koffer und kam mit den gestohlenen Rolex-Uhren zurück, die er auf
den kleinen Salontisch legte. »Die brauchen wir ja jetzt nicht mehr.
Warum schicken wir sie Peter nicht zurück?«

»Tolle Idee«, sagte Frida und öffnete ihre Handtasche, aus der
sie die Ansichtskarte von Gstaad hervorzog, die sie aus dem Tourismusbüro mitgenommen hatte.

Schwungvoll schrieb sie »Schöne Weihnachten und Entschul-
digung! Ihre Samichläuse«, setzte ihre Unterschrift darunter und
reichte die Karte herum, damit alle unterschreiben konnten. Dann
packten sie die Uhren in ein Weihnachtspapier, das sie in einer
Kommode fanden, und legten das fertige »Geschenk« in eine hölzerne Weinkiste, die neben dem Kamin zum Anfeuern bereitlag.

»Warte«, sagte Luky, als Hans mit dem Verschnüren der Kiste
beginnen wollte. Er legte noch ein paar Geldscheine dazu. »Wenn
schon zurück, dann richtig. Morgen bringe ich das Paket gleich
zur Post, bevor ich zu Maria gehe.«

Hans nickte und verschnürte die Kiste ordentlich.

Es wurde noch ein langer Abend, an dem viel geredet und getrunken wurde – fast ein bisschen so wie früher im alten Waschhaus des Altersheims, nur um einiges luxuriöser und zufriedener.

Am nächsten Morgen schien die Sonne über den frisch verschneiten Bergen. Der Himmel leuchtete rosa und hellblau. Frida, die schon länger auf den Beinen war, hatte alles für das Frühstück vorbereitet. Gstaad lag unter einer Decke von fast dreissig Zentimetern Neuschnee. Es war sehr still draussen, alles schien wie in Watte gepackt zu sein. Doch nicht nur die Geräusche waren gedämpft, sondern alles bewegte sich wie in Zeitlupe. Die Autos fuhren langsamer, und die Fussgänger setzten ihre Schritte ganz vorsichtig. Frida liebte es, an solchen Tagen aus dem Fenster zu schauen. Irgendwie war die Welt dann etwas friedlicher. So in Gedanken versunken, hörte sie nicht, wie Hans auf sie zukam. Liebevoll legte er von hinten seine Arme um sie. Genau das hatte ihr noch gefehlt, um aus einem schönen einen perfekten Morgen zu machen. Hans küsste sie auf den Nacken, und gemeinsam schauten sie in die verzauberte Landschaft.

Inge wurde durch das Klingeln ihres Telefons geweckt. Sie blickte erstaunt auf das Display; es war eine Nummer, die sie nicht kannte. Ohne abzuheben, legte sie das Handy zurück auf den Nachttisch, streckte sich nochmals in dem bequemen Bett und schaute zur Decke hoch. Sie liebte es, unter Dachschrägen zu schlafen, vor allem, wenn es so wie hier gleich über dem Bett eine Dachluke gab. Auf dem Glas der Luke lag eine weisse Schneeschicht, durch die die ersten Sonnenstrahlen leuchteten. Ihr Handy piepte, was bedeutete, dass jemand auf den Anrufbeantworter gesprochen hatte. Jetzt wurde sie neugierig und hörte die Nachricht ab.

»Hier spricht Walter, Walter Zbinden, wir hatten den schönen Abend in der ›Blue Cat‹-Bar in Bern. Du bist einfach viel zu früh gegangen. Wir müssen uns nach den Festtagen unbedingt wiedersehen. Ich habe einem Freund, der Kreuzfahrten organisiert, von dir und deiner Piaf-Nummer erzählt. Ich weiss, das ist zwar unter deinem Niveau, aber hättest du nicht Lust, ab dem achtundzwanzigsten Dezember auf einer Silvesterkreuzfahrt zu singen? Ruf mich an, dann können wir alles besprechen. Tschüss, Inge, und bis bald. Ach, übrigens, ich werde auch auf dem Schiff sein, es geht an die Sonne!«

Inge liess sich zurück auf das Kissen sinken und hörte sich die Mitteilung noch dreimal an. Danach standen zwei Entschlüsse fest: Sie würde Walter zurückrufen, aber ihren Freunden erst später von ihren Plänen erzählen.

Nachdem Inge und kurz darauf auch noch Luky aus ihren Zimmern gekommen waren, assen sie gemeinsam Frühstück. Sie planten gerade den Tag, als das Handy von Luky klingelte. Er nahm den Anruf entgegen, und es war allen sofort klar, dass es keine guten Nachrichten waren.

Luky legte das Telefon zurück auf den Tisch und sagte tonlos: »Die Klinik. Maria wird den heutigen Tag wahrscheinlich nicht überleben.«

Geschockt und sprachlos schauten sich die Freunde an.

»Ich denke, wir müssen Weihnachten auf heute vorziehen«, sagte Luky traurig.

»Aber glaubst du, dass sie das noch schafft?«, fragte Inge besorgt.

»Ich weiss es nicht, aber jetzt sind wir hier, und wir müssen es einfach versuchen«, antwortete Luky. »Ich fahre jetzt zu ihr, und ihr organisiert in der Zwischenzeit alles.«

Er stand auf, nahm das Paket mit den Uhren und ging los.

Auf dem Weg zur Klinik stoppte Luky bei der Post. Nachdem er das Paket an Peter Klein am Postschalter als Expresssendung aufgegeben hatte, fühlte er, dass eine grosse Last von seinen Schultern fiel.

Es war ein gutes Gefühl, wenn man Schulden zurückbezahlen konnte, dachte er, und um dieses gute Gefühl noch zu unterstreichen, ging er in den nächsten Kiosk, um sich eine Schachtel der teuersten Zigarren, die vorrätig war, zu kaufen. Als er wartete, bis sie die Verkäuferin aus dem Lager geholt hatte, stöberte er in der Auslage mit den Zeitschriften. Sein Blick fiel auf ein Magazin mit dem Titel »Schiff ahoi!« mit Tipps, wo man die besten Schiffe im Mittelmeer chartern konnte, und Reisevorschlägen zu den schönsten Häfen. Er bezahlte die Zigarren und das Magazin und ging mit sehr gutem Gefühl in Richtung Klinik.

Gleichzeitig waren Inge und Frida mit einer langen Einkaufsliste im besten Feinkostladen von Gstaad.

»Es muss Schweinebraten mit Kruste geben«, sagte Frida, »das ist Marias Lieblingsessen an Weihnachten.«

»Einverstanden. Mach du, ich kümmere mich um den Wein und den Champagner – natürlich nicht zu knapp«, sagte Inge und verschwand in Richtung Weinregal.

Schnell füllte sich der Einkaufswagen mit Köstlichkeiten, und obendrauf legten Frida und Inge noch mehrere Schachteln mit Weihnachtsschmuck.

Während Frida und Inge fast den Laden leerkauften, war Hans mit dem Gstaader Förster dabei, eine grosse, wunderschöne Tanne in das Wohnzimmer des Chalets zu tragen und sie neben dem Kamin aufzurichten. Mit dem Schmücken des Baumes wollte er auf die Frauen warten. Da konnte ein Mann nur Fehler machen, wusste er aus Erfahrung nur zu gut.

Er ging zur Galerie hoch und setzte sich in den bequemen Lesestuhl. Aber nicht, um in einem der vielen Bücher zu schmökern. Er zog sein schwarzes Notizbuch hervor und las nochmals alle seine Notizen durch. Fein säuberlich hatte er seit der ersten Planung des Überfalls Tagebuch geführt und jeden Tag alles notiert, was sie in dieser verrückten Zeit erlebt hatten. Der Roman, den er anhand ihrer Geschichte schreiben wollte, musste ganz einfach ein Bestseller werden!

Als er mit Lesen fertig war, fiel ihm mit grossem Erstaunen auf, dass aus dem Krimi, oder gar Thriller, den er hätte schreiben wollen, immer mehr eine Love-Story geworden war. Und gar nicht mal eine schlechte, musste er sich eingestehen. Vielleicht hatte er es bis jetzt einfach mit dem falschen Genre versucht. Und weil die Geschichte nicht nur eine wahre Geschichte war, sondern auch durchaus autobiografische Züge trug, war er froh, dass es hinten noch ein paar leere Seiten in seinem Notizbuch gab.

Bald kamen Inge und Frida mit vollgepackten Einkaufstaschen zurück, Hans bekam klare Instruktionen in Sachen Baumschmücken, und schon ging ein emsiges Treiben im Chalet los. Alles lief nach Plan, und bald mischte sich der Duft des frischen Tannenbaumes mit feinsten Gerüchen, die aus der Küche kamen. Frida und Inge wirbelten hinter den Töpfen wie ein eingespieltes Team.

Maria, die in ihrem Bett lag, hatte keine Ahnung, was ihre Freunde gerade alles auf die Beine stellen wollten. Sie lächelte schwach, als Luky hereinkam und sich auf einen Stuhl an ihr Bett setzte. Instinktiv tastete sie nach seiner Hand.

»Guten Morgen, Maria, wie geht es dir?«

»Ich schaue aus dem Fenster und sehe Berge und Schnee. Wir hätten es fast geschafft. Stimmts?«

Luky drückte leicht ihre Hand und nickte.

»Hast du etwas von Isabelle gehört?«

Luky zog sein Handy aus der Manteltasche und schaute auf das Display.

»Nein, bis jetzt leider nicht.«

Maria dachte einen Moment nach.

»Sollte sich Steffi irgendwann später melden ... könntest du ihr sagen, dass es mir unendlich leidtut, was passiert ist?«

»Versprochen«, sagte Luky mit belegter Stimme.

»Gibst du mir bitte den Tee?«, fragte Maria, und Luky reichte ihr die Tasse, die auf dem Beistelltisch neben dem Bett stand.

Auf einem kleinen Tellerchen lagen zwei Zimtsterne. Maria griff nach einem, biss einen Zacken ab und kaute mit geschlossenen Augen ganz langsam.

30

Kommissar Studers Empfang bei der Polizei in Gstaad war noch frostiger als die Temperaturen. Pius Kernen, der örtliche Polizeichef, liess ihn fast eine Stunde warten. Jetzt sassen sie an Kernens Schreibtisch, auf dem die Fotos der Alten ausgebreitet waren.

»Wir kontrollieren bereits alle Hotels im Dorf. Wenn sie hier sind, werden wir sie finden. Du hättest dir den Weg sparen können, auch wir in den Bergen verfügen über Telefone«, sagte Kernen mit bissigem Unterton.

Studer liess sich nicht provozieren.

»Der Wachmann macht mir mehr Sorgen«, sagte er und legte eine Personenbeschreibung mit Foto von Rolf vor Kernen auf den Tisch. »Er heisst Rolf Zehner, hat laut einem Informanten von uns in Bern einen Dealer übel zugerichtet und mit einer Waffe bedroht.«

Kernen sah sich das Foto von Rolf an und schmunzelte.

»Wir haben auch schon von Youtube gehört und kennen den Herrn – bis ins kleinste Detail.«

»Unterschätze den Typ bloss nicht, der hat nicht mehr viel zu verlieren.«

»Das kannst du laut sagen«, lachte Kernen.

Hätte Wachmann Rolf, der eben vor der Tourismusinformation in Gstaad parkte, nachdem er die Nacht in einem billigen Hotel verbrachte hatte, das Gespräch der beiden Polizisten mitangehört, wäre es wohl zu einem Blutbad im Polizeiposten Gstaad gekommen. Langsam hatte er die Schnauze gestrichen voll davon, diesen alten Trotteln hinterherzufahren und überall dumm angemacht zu werden. Dass er an diesem Morgen noch zu keinem Kaffee gekommen war, tat das Übrige zu seiner schlechten Laune. Ganz zu schweigen von der SMS, die er von seinem Chef gekriegt hatte, der ihm mit Entlassung drohte, sollte er das Problem nicht innert vierundzwanzig Stunden gelöst haben. Es war klar: Er musste die Alten jetzt finden und sich rehabilitieren, egal, was es kostete.

Rolf stieg aus und betrat wie am Tag zuvor Hans und Frida als Mister und Misses Stone die Tourismusinformation. Aus einem Regal nahm er einen Prospekt, in dem alle Hotels von Gstaad verzeichnet waren, drehte sich um und ging grusslos wieder hinaus. Er konsultierte den Ortsplan und stapfte mit seinen völlig ungeeigneten Schuhen durch den frischen Schnee auf das erste Hotel zu, das gleich neben der Tourismusinformation lag. An der Rezeption fragte er, ob letzte Nacht eine kleine Gruppe älterer Gäste eingecheckt hätte. Seine Grossmutter, die ihre Medikamente vergessen habe, befinde sich unter ihnen. Die Dame an der Rezeption verneinte, Rolf strich das Hotel auf seiner Liste und ging hinaus und auf das nächste zu.

31

Es war schon später Nachmittag, als Luky tieftraurig zum Chalet zurückkam. Er musste sich erst noch ein wenig sammeln, bevor er seinen Freunden die schlechte Nachricht überbringen konnte. Er setzte sich hinter dem Haus auf eine Beige Kaminholz, neben der ein alter Hornschlitten stand, und zündete sich eine Zigarette an. Es konnte doch nicht sein, dass sie so kurz vor dem Ziel kapitulieren mussten.

Im selben Augenblick klingelte sein Handy. Es war Isabelle. Doch leider hatte auch sie keine guten Nachrichten: Steffi hatte sich bis jetzt nicht gemeldet. Luky gab ihr für alle Fälle die Adresse des Chalets – man konnte ja nie wissen.

Niedergeschlagen ging Luky zur Eingangstür, klopfte den Schnee von seinen Schuhen und trat ein. Das Chalet war perfekt dekoriert, der grosse Baum wunderschön geschmückt, und ein köstlicher Duft durchströmte den Wohnraum. Inge, Hans und Frida sassen vor dem lodernden Kamin und tranken Tee.

»Wir sind bereit, wo ist Maria?«, wollte Frida wissen.

Luky setzte sich und kämpfte mit den Tränen.

»Sie hat wahrscheinlich nur noch wenige Stunden, haben die Ärzte gesagt, und sie lassen sie nicht mehr gehen.«

Frida lehnte sich traurig an Hans, der sie in den Arm nahm. Sie spürte einen bleischweren Druck auf ihrer Brust, und zum ersten Mal seit langem brauchte sie wieder zusätzlichen Sauerstoff.

»Sollten wir dann nicht alles hier einpacken und zu ihr ins Spital fahren und dort feiern?«, fragte Inge.

Frida wischte sich eine Träne aus dem Gesicht.

»Sie wollte nie im Spital sterben und jetzt…«

Luky liess seinen Blick durch den Raum schweifen, sah den wunderschönen Christbaum, den gedeckten Tisch und wie liebevoll seine Freunde alles dekoriert hatten.

Plötzlich sprang er auf und rief: »Zieht euch warm an und bringt eine Matratze, ein Kissen und Wolldecken. Schnell!«

Während sich die andern ihre Wintersachen anzogen, rannte Luky um das Chalet und prüfte den alten Hornschlitten. Er nickte zufrieden und zog das Gefährt zur Eingangstür. Gemeinsam mit Hans band er die Matratze mit einem Wäscheseil auf die grosse Sitzfläche und packte die Wolldecken und ein Kissen dazu.

»So, aufsitzen und festhalten«, sagte Luky, der mit seinen Händen das eine Horn umklammerte und den Schlitten ein wenig vor und zurück bewegte – wie ein alter Bobpilot halt. »Ready?! Und eins und zwei und go, go, go!«

Luky schob den Schlitten an, rannte ein paar Schritte neben ihm her und sprang dann gekonnt zu den andern auf die Matratze. Zuerst ging die Fahrt recht gemächlich in Richtung Dorf, aber dann schoss das seltsame Gefährt immer schneller dem Spital entgegen. Sie waren nicht die Einzigen, die den Neuschnee zum Schlittenfahren nutzten. Viele Kinder rasten lachend und johlend ebenfalls auf ihren Bobs und Schlitten den Hang hinunter, und wäre der Anlass ein nicht so trauriger gewesen, hätte die Fahrt sicher auch der »Sonnenuntergäng« riesigen Spass gemacht.

Zur selben Zeit strich Wachmann Rolf das zwölfte Hotel auf seiner Liste ab. Langsam war er völlig durchfroren, und seine nassen Füsse spürte er schon lange nicht mehr.

»Noch drei mache ich«, sagte er sich, »dann muss ich einen Kaffee Schnaps haben, sonst erfriere ich.«

Beim Spital angekommen, zogen die vier Passagiere den Schlitten hinter das Haus. Wie besprochen, wartete Hans draussen, während die anderen drei zum Eingang des Spitals gingen, der gleich gegenüber dem Hotel Kreuz lag. Dort kriegte exakt zu diesem Zeitpunkt Rolf die dreizehnte Absage, und er wollte das Hotel eben wieder verlassen. Nun blickte er durch die gläserne Drehtür und traute seinen Augen nicht. Da waren sie! Zumindest drei der fünf Verbrecher. Auf der anderen Strassenseite betraten sie gerade die Klinik. Rolf warf die Hotelliste auf den Boden und wollte losrennen. Doch die Tür war gerade mit ankommenden Gästen besetzt, und er musste warten. Laut fluchte er vor sich hin. Dann endlich konnte er die Verfolgung aufnehmen. Er trat hinaus und wäre auf einer vereisten Stelle beinahe gestürzt. Im letzten Moment konnte er sich auffangen, rannte über die Strasse und die Treppe hoch zum Spitaleingang. Keuchend erreichte er den Empfang. Von den drei Alten war nichts mehr zu sehen.

Rolf drängte sich an einem jungen Mann vorbei, der sich auf zwei Krücken stützte.

»Ich gehöre zu den Alten, die eben hier hereingekommen sind«, sagte er ungeduldig zur Empfangsdame. »In welches Zimmer wollten sie?«

Die Frau schaute wütend zu dem ungehobelten Kerl hoch und fragte bissig: »Und wie ist der Name der Patientin?«

Rolf wurde das Ganze zu blöde. Er drängte am Empfang vorbei und wollte zu den Zimmern.

»Halt! Warten Sie, da dürfen Sie nicht durch«, rief die Empfangsdame entsetzt.

Durch ihre aufgeregten Rufe wurde einer der Pfleger alarmiert, der in einem Zimmer nahe des Empfangs nach einem Patienten schaute. Er rannte auf den Flur und konnte den heranstürmenden Rolf im letzten Moment festhalten. Es kam zu einem heftigen Handgemenge zwischen den beiden Männern, und die aufgebrachte Frau am Empfang alarmierte sofort die Polizei.

Pius Kernen rannte zu seinem Polizeiauto und rief Kommissar Studer an, der im Gasthof Ochsen bei einer Käserösti sass, die er halb gegessen stehen liess und aus dem Gasthaus stürmte, das nur ein paar hundert Meter von der Klinik entfernt lag.

Rolf, der von dem kräftigen Pfleger in den Schwitzkasten genommen worden war, griff in die Innentasche seiner Jacke und zog den Taser heraus. Die Empfangsdame, die nicht mehr tatenlos zuschauen wollte, griff sich eine der Krücken des jungen Mannes und schlug Rolf den Taser aus der Hand.

Gerade als sie nochmals zuschlagen wollte, ging ein schriller Alarm los, und über der Tür mit der Nummer vier begann eine rote Lampe zu blinken. Sowohl der Pfleger wie auch die Empfangsdame wussten, was das bedeutete: wahrscheinlich Herzstillstand. Mit vereinten Kräften stiessen sie Rolf weg, und der Pfleger rannte sofort zum Zimmer vier. Doch der Wachmann liess sich so kurz vor dem Ziel nicht einfach abschütteln und rannte ihm hinterher. Der Pfleger riss die Tür auf und sah sofort die fatale gerade Linie auf dem Monitor und die grosse, rot blinkende Null der Pulsanzeige.

Doch dann blieb er, wie vom Blitz getroffen, stehen. Nicht eine verstorbene Patientin lag da im Bett, nein, das Bett war leer! Kabel und Kanülen lagen auf dem Boden.

Dennoch rief der Pfleger aufgeregt: »Frau Gerber?!«

Die gläserne Terrassentür, die direkt in den Garten führte, stand weit offen, und die kalte Luft strömte herein. Der Pfleger rannte zur Tür und sah zwar Fussabdrücke und die Spuren eines grossen Schlittens im Neuschnee, aber keine Menschenseele.

Fluchend wollte Rolf, der ihm hinterhergekommen war, die Verfolgung aufnehmen, da stürmte Pius Kernen ins Zimmer.

»Stopp! Stehen bleiben!«, rief der Polizist energisch, doch Rolf kümmerte sich nicht darum.

Er rannte durch die Terrassentür und folgte den Spuren im tiefen Schnee. Jeden zweiten Schritt rutschte er mit seinen Turnschuhen aus und fluchte vor sich hin. Aus dem Augenwinkel sah er, wie auch der Polizist nach draussen rannte und wohl auf einer eisigen Stelle ausrutschte. Er hörte ihn aufschreien – die Landung im Schnee war offenbar nicht optimal gelungen. Rolf erkannte seine Chance und stürmte weiter, doch als er keuchend um die Hausecke bog, stand da schon Kommissar Studer mit gezogener Waffe.

»Ende der Fahnenstange … Kleiner«, sagte Studer, »und jetzt ganz langsam die Hände hoch.«

Rolf gehorchte fluchend. Kernen kam mit schmerzverzerrtem Gesicht angehumpelt und legte ihm Handschellen an. Der Wachmann konnte kaum glauben, was da geschah, und wiederholte immer wieder, dass nicht er zu verhaften sei, sondern die verdammten Alten. Die wären die Kriminellen, er sei das Opfer. Kernen schob den immer aggressiver werdenden Rolf auf den Rücksitz seines Polizeiautos und knallte die Tür zu.

Zu Studer sagte er: »Danke, den bringe ich auf die Wache. Du hast freie Hand.«

»Okay, und dein Bein? Willst du nicht gleich hier zum Arzt?«

»Genau das würde so eine Flachlandtussi wie du tun«, sagte er, klopfte Studer lachend auf die Schulter und stieg in seinen Wagen.

Studer winkte ihm zu und ging zum Klinikeingang zurück.

Wie knapp alles war, konnte die »Sonnenuntergäng« nicht ahnen. Ausser Atem zogen sie den schweren Schlitten auf der verschneiten Strasse in Richtung Chalet hoch. Immer wieder rutschten sie auf dem vereisten Untergrund aus.

Frida, die ihre Sauerstoffzufuhr längst auf volle Leistung gestellt hatte, warf Hans einen verzweifelten Blick zu, worauf ihr Freund genau das aussprach, was sie alle schon lange dachten: »Es ist zu steil, wir schaffen es nicht!«

Jetzt mussten sie auch noch etwas weg von der Strasse in den Tiefschnee ausweichen, weil sich von unten mit gelbem Blinklicht der Schneepflug ankündigte. Wenigstens konnten sie jetzt etwas Atem holen. Der Lastwagen stoppte neben ihnen, und der Beifahrer kurbelte die Scheibe hinunter.

Er zeigte auf das Heck seines Gefährts und rief: »Hängt euch an, wie die andern!«

Erst jetzt sahen sie, dass der Lastwagen nicht den Schnee wegpflügte, sondern an langen Seilen Schlittenfahrer wie bei einem Skilift hinter sich herzog. Dankbar nahmen sie die Einladung an. Frida und Inge setzten sich hinten auf die Matratze. Hans und Luky wickelten eines der Seile um die Hörner des Schlittens und setzten sich vorne drauf, und Maria lag, warm in Wolldecken eingepackt, zwischen ihnen und den Frauen. Hans gab dem Fahrer ein Zeichen, und dieser fuhr langsam los. Die Schneeketten krallten sich in den Schnee, und der Lastwagen zog um die zwanzig Schlittenfahrer weiter nach oben.

Maria, die von alldem nichts mitbekam, lag – den Kopf auf dem weichen dicken Kissen gelagert, Lukys Kappe tief ins Gesicht gezogen – auf dem Rücken und sah in den wolkenverhangenen Himmel hoch. Sanft fielen ihr Schneeflocken ins Gesicht, und sie erinnerte sich, wie sie als Kind immer versuchte hatte, sie mit dem Mund aufzufangen. Langsam öffnete sie ihre Lippen und freute sich, als sie den kalten Schnee auf ihrer Zunge spürte, der sofort zu Wasser schmolz.

Frida versicherte Maria, dass es nicht mehr weit sei bis ins Chalet, doch Maria war mit ihren Gedanken an einem ganz anderen Ort und in einer ganz anderen Zeit, so wie in den letzten Tagen öfters.

Während die Alten auf ihrem schweren Hornschlitten den Berg hochgezogen wurden, sass Kommissar Studer mit der Chefärztin der Gstaader Klinik an einem Tisch in ihrem Büro. Beide tranken Kaffee, aber nicht wie sonst in Spitälern üblich aus einem Automatenpappbecher, sondern aus grossen Tassen, auf denen das Logo der Klinik prangte.

Gstaad war eben Gstaad, dachte Studer, entsprechend fielen dann wohl auch die Spitalrechnungen aus.

»So etwas habe ich noch nie erlebt«, sagte die Ärztin. »Ich weiss ja, dass niemand gern im Spital ist, aber eine derart spektakuläre Flucht, das ist neu.«

»Aber warum entführt jemand eine todkranke Frau?«, fiel ihr Studer ins Wort.

»Vielleicht weil jemand nicht will, dass sie allein an Weihnachten in einer Klinik stirbt?«

Studer dachte einen Moment nach und nickte dann. Das würde einiges klären.

»Übrigens, der Ehemann hat uns als Notfalladresse das Chalet Aurora oben am Waldweg angegeben.«

»Ehemann?«

»Ja, so stehts hier auf dem Anmeldeformular: Ehemann Fritz Gerber.«

»Fritz Gerber?«, wiederholte Studer, kramte die Fotos der Alten aus der Tasche und zeigte sie der Ärztin. »Ist es einer von ihnen?«

Die Ärztin nickte und zeigte auf das Bild von Luky.

»Ja, das ist Herr Gerber, ein netter Mann.«

Studer bedankte sich und verliess gerade nachdenklich die Klinik, als ihn sein Kollege Rast anrief.

»Du glaubst nicht, was soeben geschehen ist. Peter Klein, der Bijoutier, hat vor fünf Minuten ein Expresspaket bekommen. Und weisst du, was da drin war?«

»Machs nicht spannend«, sagte Studer.

»Die Alten haben die ganze Beute – sechs Rolex-Uhren und ein wenig Bargeld – zurückgeschickt und eine Ansichtskarte von Gstaad dazugelegt, mit der sie sich bei Klein entschuldigen. Sorry, aber ich verstehe gar nichts mehr.«

»Dafür ich umso mehr. Ich komme gerade aus der Klinik, aus der sie die todkranke Maria Gerber entführt haben.«

»Und warum soll das Sinn machen?«

»Es scheint, dass unser Trüppchen das alles einzig unternommen hat, damit Frau Gerber nicht allein in einem Spital sterben muss. Und wahrscheinlich war es ihr Wunsch, noch einmal die Berge zu sehen.«

»Und dann hatten sie nicht das nötige Geld dazu?«, fragte Studers Kollege.

»Ja, so sieht es aus. Und irgendwie haben sie dann wohl unseren Dealer über den Tisch gezogen – aber das ist Spekulation, der Typ redet ja kein Wort.«

Es kam keine Reaktion von Rast.

»Bist du noch dran?«, fragte Studer.

»Ja, habe mich gerade gefragt, ob das Erfüllen von letzten Wünschen ähnlich wie Mundraub vor Gericht zu mildernden Umständen führen könnte. Zumal sie jetzt die Beute zurückgegeben haben und niemand ernsthaft zu Schaden gekommen ist. Mal abgesehen vom ›Palace‹…«

»Hoffen wir auf einen wohlwollenden Richter. Aber erst müssen wir die Alten finden, ich mach mich jetzt auf den Weg«, sagte Studer und legte auf.

32

Hans legte im Kamin ein grosses Scheit nach. Sofort flackerte das Feuer wieder auf.

Sie waren alle total erschöpft und froren, als sie den schweren Schlitten mit Maria endlich vor das Chalet gezogen hatten. Trotz den Decken war es auch Maria in ihrem dünnen Nachthemd kalt geworden. Gern hätte sie ein heisses Bad genommen, aber sie fühlte sich zu schwach und wollte sich lieber noch etwas ausruhen.

Vor dem Kamin war ihnen allen schnell wieder warm geworden, und jetzt zündete Hans die Kerzen am Christbaum und in den vielen Kerzenständern an, und Luky kümmerte sich um den Wein. In der Küche arbeiteten Frida und Inge Hand in Hand an den letzten Vorbereitungen für das Weihnachtsessen. Dann war es so weit. Es war geschafft.

Luky rief Hans, Frida und Inge zu sich, und gemeinsam stiessen sie zufrieden und stolz auf das Gelingen ihrer Mission an. Es war erst wenige Tage her seit ihrem Überfall, aber es kam ihnen wie eine Ewigkeit vor.

Dann ging oben auf der Galerie die Tür von Marias Zimmer auf, und Maria schaute zu ihnen hinunter. Ihre Freunde, der Christbaum, die gedeckte Tafel, der feine Geruch der Tanne, gemischt mit dem Duft aus der Küche: Dass sie das noch erleben durfte, hätte sie nicht für möglich gehalten. Ein weiteres Mal blitzten Bilder aus ihrem Leben in ihr auf. Von Weihnachten mit ihrem Mann, ihrer Tochter und Steffi, hörte ihr Lachen, sah die Geschenke und die erwartungsvollen Blicke.

Sie hielt sich am Galeriegeländer fest und kämpfte gegen die weich werdenden Knie. Luky rannte die Treppe hoch und hielt Maria für ein paar Augenblicke fest, dann kamen sie gemeinsam hinunter. Frida und Inge gingen in die Küche, während sich Maria auf einen Platz am Tisch setzte, von wo sie den wunderschönen Christbaum gut sehen konnte. Luky packte ein Kissen hinter ihren Rücken. Maria wirkte zwar bleich und schwach, aber sie lächelte und war unendlich froh, hier sein zu können und nicht mehr allein im Krankenzimmer liegen zu müssen.

Jetzt flog die Küchentür auf, und Inge kam mit einer grossen Schüssel mit dampfendem Kartoffelstock in den grossen Wohn- und Essraum. Gleich hinter ihr erschien Frida, eine Kasserolle tragend, in dem der perfekte Schweinebraten mit Kruste lag. Maria begann zu klatschen, und alle stimmten mit ein.

Frida, Hans, Inge und Luky schauten erst einander, dann Maria an. Hätte es je einen Zweifel gegeben, ob sich das alles gelohnt und sie wirklich das Richtige getan hatten – die dankbar leuchtenden Augen von Maria hätten eine eindeutige Antwort gegeben.

»Es riecht genau wie früher«, sagte Maria mit einem fröhlichen Lachen.

Frida schöpfte das Essen auf die Teller, und Hans füllte die Gläser. Als alle vor dem wundervoll würzig dampfenden Weihnachtsbraten sassen, erhob Luky sein Glas.

»Frohe Weihnachten, Maria«, rief er, und alle stiessen an.

Da klopfte es an die Haustür.

Alle schauten erschrocken zum Eingang.

»Aber nicht jetzt! Bitte nicht gerade jetzt!«, rief Inge.

Luky stellte sein Glas zurück auf den Tisch, stand auf, ging zur Tür und öffnete sie. Draussen im Schneegestöber stand eine junge Frau mit einem kleinen Kind auf dem Arm.

Luky schaute sie fragend an: »Ja?«

»Guten Abend, ich weiss nicht, ob ich hier richtig bin. Ich bin Steffi Gerber. Ist Maria Gerber, meine Omi, hier?«, fragte sie vorsichtig.

Maria fuhr in einem Tempo von ihrem Stuhl hoch, das ihr wohl kaum jemand zugetraut hätte. Doch sogleich folgte der rasanten Aktion ein Schwindel, und sie musste sich am Tisch festhalten. Sie hatte Tränen in den Augen, doch es waren seit langem mal wieder Freudentränen. Obwohl sie sich in den letzten Jahren schon unzählige Varianten ihres Wiedersehens mit Steffi ausgemalt hatte, war sie jetzt total überfordert mit der Situation.

Luky bat Steffi herein und half ihr und dem Kind aus den Winterjacken. Steffis Nervosität und Unsicherheit war von allen zu spüren. Sie wusste nicht, was sie sagen oder tun sollte.

Da zog das kleine Mädchen Steffi an der Hand und fragte: »Mami, wer ist jetzt deine Omi?«

Steffi zeigte stumm auf Maria, und die Kleine rannte los und streckte ihrer Urgrossmutter die Arme entgegen. Sie selbst blieb mitten im Wohnzimmer stehen. So einfach wie für ihre Tochter war es für sie nicht. Die total überrumpelte Maria versuchte, ihre Fassung wiederzufinden, und winkte Steffi zu sich.

»Steffi, um Himmels willen, wie kommst du hierher?«

Unterdessen kletterte das kleine Mädchen auf Marias Stuhl und schaute mit keckem Blick nacheinander die Menschen an, die um den grossen Tisch sassen. Marias Freunde wagten kaum, zu atmen, geschweige denn, etwas zu sagen.

»Sie sieht genauso aus wie du in dem Alter«, sagte Maria leise und schaute zuerst das Kind, dann Steffi an.

Frida beugte sich zu dem kleinen Mädchen hinunter und meinte: »Du hast sicher Hunger, richtig?«

Die Kleine nickte. Frida lächelte und schöpfte ihr einen grossen Löffel Kartoffelstock auf den Teller.

»Magst du den?«, fragte sie.

Das Kind nickte wieder und sagte mit leuchtenden Augen: »Mit Seelein.«

Alle lachten, und Frida drückte mit dem Löffel eine Mulde in den Kartoffelstock und füllte sie mit Sauce.

»Jetzt musst du uns nur noch sagen, wie du heisst, dann essen wir zusammen.«

»Nina«, sagte Marias Urenkelin und begann herzhaft zu essen.

Maria schaute in die Runde ihrer Freunde und meinte dann: »Esst ihr doch auch, Steffi und ich kommen gleich.«

Endlich wagte sie den Schritt auf Steffi zu, umarmte sie wortlos, und dann gingen die beiden Frauen, die sich so viel zu sagen hatten, zur Sitzecke beim Kamin und setzten sich. Sie waren froh, im Hintergrund das Klappern von Geschirr und das Lachen von Marias Freunden zu hören.

Maria und Steffi zogen es beide vor, in die lodernden Flammen des Feuers zu schauen und den direkten Blickkontakt zu vermeiden. Steffi suchte nach Worten, während Maria nicht vorhandene Krümel vom Sofa wischte. Dann gab sich Steffi einen Ruck und begann mit belegter Stimme zu reden.

»Omi, der Grund, warum ich heute zu dir gefahren bin, ist, dass ich mich bei dir entschuldigen und dir Danke sagen will. Ich hatte ja keine Ahnung und habe mit meiner blöden Sturheit so viel Zeit vergeudet, die wir gemeinsam hätten verbringen können. Es wurde mir auf dem Weg hierher klar, wie dumm es von mir war. Ich habe mich so in diese Sache reingesteigert, und es ging nicht mehr darum, wie wir unseren Streit begraben könnten, sondern nur noch darum, wer im Recht war. Und weil ich dachte, das sei ich, solltest gefälligst du den ersten Schritt tun.«

Maria hörte ihrer Enkelin, die eigentlich mehr ihr Kind war, zu. Nur zu gut kannte sie genau diese Gefühle und Gedanken.

»Ja, der blöde Stolz der Familie Gerber hat so einiges kaputtgemacht«, sagte Maria und nahm Steffis Hand in die ihre.

Steffi war glücklich, nach so langer Zeit wieder die ihr so vertraute Hand zu spüren, und schaute endlich weg vom Feuer und in die Augen ihrer Grossmutter, bevor sie weiterredete.

»Hättet ihr nicht die verrückte Idee mit dem Überfall gehabt und wäre da nicht einiges schiefgelaufen, hätte ich dein Foto nie in der Zeitung gesehen. Und ich hätte nie die Möglichkeit gehabt, mit jemandem von der Kriminalpolizei zu reden. Kommissar Studer hat mir Einsicht in die Akte meiner Mutter ermöglicht. Ich hatte ja keine Ahnung. Ich dachte, du hättest ein Drama wegen ein paar Joints gemacht. Aber dass es so schlimm war, hätte ich mir niemals vorstellen können. Das muss die Hölle gewesen sein für dich.«

Maria hörte nur zu und nickte.

»Wenn ich gewusst hätte, wovor du mich beschützen wolltest, auch wenn es mit einer Lüge verbunden war, hätte ich das damals doch verstanden – vielleicht … oder vielleicht auch nicht«, sagte sie mit einem schelmischen Lächeln. »Und, wenn ich mir überlege, was ich Nina mal von ihrer Grossmutter erzählen soll, weiss ich auch nicht, ob ich ihr die Wahrheit sagen soll.«

»Geschweige denn von ihrer Urgrossmutter«, unterbrach sie Maria, »die sogar an einem Raubüberfall beteiligt war.«

Jetzt schmunzelten beide. Maria klopfte mit der Hand auf den Platz neben sich auf dem Sofa, Steffi rutschte näher neben sie, und die beiden umarmten sich.

»Ja, schöne Familie«, sagte Steffi.

»Ich dachte, ich würde dich nie mehr sehen«, sagte Maria, und Tränen stiegen ihr wieder in die Augen, »aber das wäre nicht mal das Schlimmste gewesen. Dir nicht mehr sagen zu können, dass es mir leidtut, dass ich dich angelogen habe, wäre viel schlimmer gewesen. Ich glaube, ich hätte nicht in Ruhe sterben können.«

Steffi drückte ihre Omi noch fester an sich und erwiderte: »Aber du hast es doch nur gut gemeint.«

»Das spielt keine Rolle. Jemanden anzulügen, auch wenn man diesen Menschen vor einer unangenehmen Wahrheit beschützen will, bedeutet nichts anderes, als diesen Menschen klein zu machen und zu entmündigen. Wer bin ich, um zu entscheiden, wie du mit der Wahrheit umgehen willst? Das ist ganz allein deine Entscheidung. Das hat mir auf dieser letzten Reise nicht ein alter Weiser beigebracht, sondern eine junge, etwas verrückte Frau, die mich sehr an dich erinnert hat.«

Steffi nickte mit einem sanften Lächeln auf den Lippen.

»Tust du mir einen Gefallen?«, fragte Maria.

»Jeden«, antwortete Steffi.

»Lüge deine Nina nie an. Sie hat dieselben funkelnden Augen wie du, in denen ich sehe, dass die Kleine jetzt schon genau weiss, wie das Leben funktioniert. Lass diesen Funken nie erlöschen! Dann haben wir beide aus dem Ganzen etwas gelernt, von dem Nina profitieren wird, und so war das alles wenigstens nicht umsonst.«

Jetzt liefen beiden Frauen Tränen übers Gesicht, als sie einander nochmals umarmten.

»So, und jetzt lass uns nicht mehr von früher reden! Du bist jetzt hier, mit Nina, und nur das zählt«, sagte Maria, wischte sich die Tränen aus dem Gesicht, stand auf und fügte hinzu: »Ich habe Hunger!«

Steffi blieb noch sitzen und schaute wieder ins Feuer.

»Denkst du, ich sollte Mama mal besuchen gehen?«, fragte sie und schaute zu Maria hoch.

»Weisst du denn, wo sie ist?«, fragte Maria und setzte sich nochmals neben ihre Enkelin.

»Ja, in der Polizeiakte stand, dass sie in einer geschlossenen Einrichtung im Bündnerland ist.«

»Das wäre ein mutiger Schritt von dir. Ich konnte es nie, obwohl ich oft daran gedacht habe«, sagte Maria.

»Okay, ich überlege es mir.« Steffi nickte. »Aber jetzt gehen wir zu deinen Freunden, bevor das Essen ganz kalt ist.«

Die beiden Frauen kamen Hand in Hand an den Tisch zurück. Frida und Inge hatten schon zwei zusätzliche Gedecke aufgelegt, und Frida schöpfte Maria und Steffi das wunderbare Weihnachtsessen in ihre Teller.

Steffi schaute in die Runde von Marias Freunden und sagte: »Danke für alles, was ihr für meine Omi getan habt! Und ich soll euch schön von Isabelle grüssen – sie hat so einiges erzählt.«

»Oh, glaub nicht alles, was sie sagt«, wehrte sich Inge, »sie war ein wenig überfordert mit uns.«

»Das kann ich mir sehr gut vorstellen«, meinte Steffi, schnupperte und sagte dann: »Omi, das duftet ja genau wie früher!«

»Das hoffe ich doch«, meinte Frida stolz.

Dann hob Luky wieder sein Glas und rief: »Willkommen, Steffi und Nina! Und jetzt nochmals: Frohe Weihnachten!«

Gemeinsam stiessen sie an und tranken auf Weihnachten und auf Maria.

»Übrigens, ihr seht alle in natura viel besser aus als auf den Fotos in der Zeitung«, sagte Steffi mit einem Lächeln.

»Danke«, sagte Frida, »das hat uns auch geärgert. Da ist man einmal auf der Titelseite, und dann nehmen sie so ein schlechtes Foto. Typisch Kunz, einfach unfähig, die Gute.«

Steffi schaute Hans fragend an und meinte: »Du musst Hans sein, der Kopf der ganzen Bande.«

Hans schien auf seinem Stuhl ein paar Zentimeter zu wachsen.

»Mit leichten Schwankungen«, dämpfte Frida seinen Höhenflug und gab ihm einen Kuss.

Luky füllte nochmals alle Gläser, hob seines und sagte zu Inge und Frida: »Ladys, ihr habt perfekt gekocht, es war fantastisch.«

Inge und Frida nahmen das Lob dankend entgegen.

Maria wollte etwas sagen, begann aber plötzlich zu zittern. Kalter Schweiss rann ihr über die Stirn, was Steffi schlagartig an die letale Diagnose erinnerte, von der sie im Altersheim erfahren hatte. Sie wollte es einfach nicht glauben und hatte es immer wieder verdrängt. Schnell stand sie auf, beugte sich zu Maria und nahm sie in den Arm.

»Omi, es tut mir so leid, ich hatte ja keine Ahnung.«

»Ich bis vor kurzem auch nicht, aber so ist das halt in meinem Alter«, sagte Maria. Dann schaute sie alle an, die da mit ihr um den Tisch sassen, und fuhr fort: »Darum, meine Lieben, geniesst jeden Tag und lebt eure Träume. Bitte versprecht mir das.«

Alle nickten traurig.

»Gut«, sagte sie und wandte sich dann lächelnd Nina zu: »Und jetzt komm du mal zu mir, bitte.«

Ohne zu zögern, rutschte das kleine Mädchen von seinem Stuhl, rannte zu Maria und kletterte auf ihren Schoss.

»Oje, jetzt hab ich nicht mal ein Weihnachtsgeschenk für dich, das darf doch nicht wahr sein«, sagte Maria ein wenig betrübt.

Frida stand auf und ging in ihr Zimmer. Nach einer Minute war sie zurück und drückte Maria etwas in die Hand. Maria wusste sofort, was es war.

»Danke, du bist wirklich die beste Freundin, die man sich wünschen kann«, sagte sie zu Frida.

Dann nahm sie das Goldkettchen mit dem kleinen Herzen aus ihrer Hand und legte es Nina um den Hals. Das kleine Mädchen bestaunte es mit freudigen Augen.

Maria strahlte.

»So wirst du mich nie vergessen und immer ein Andenken an die Räuber-Oma haben.«

Es schneite jetzt nur noch leicht. Aus den Fenstern des Chalets schimmerte warmes Kerzenlicht. Der Kommissar hatte sich reichlich Zeit gelassen. Erstens hatte er gewusst, wo die Alten waren, zweitens wollte er ihr Fest nicht zu früh stören, drittens war der Wachmann Rolf sicher in einer Zelle, und viertens hatte er den ganzen Tag kaum etwas gegessen. Schnee, Berge – da wollte er sich nun einfach ein Käsefondue gönnen. Auch wenn das nicht unbedingt ein Gericht war, das man allein isst. Das war ihm egal, er ass auch locker für zwei.

Nach dem Fondue war er zu der Adresse gefahren, die er von der Ärztin bekommen hatte, und nun auf den kleinen Parkplatz vor dem Chalet Aurora eingebogen, wo er neben dem alten Hippie-Bus parkte. Er ging die paar Stufen zu dem grossen Haus hoch und schaute sich um. Neben dem Eingang stand ein grosser Schlitten, auf dem eine Matratze festgebunden war. Er spähte durch ein Fenster ins Wohnzimmer und sah die gesuchte Räuberbande, die gemeinsam Weihnachten feierte. Dann ging er zu seinem Polizeiauto zurück, setzte sich wieder hinein und schlug den Mantelkragen hoch. Er schaltete das Radio ein, wo Frank Sinatra gerade von seiner »White Christmas« träumte. Studer zog sein Handy aus der Tasche und wählte eine Nummer. Es dauerte ziemlich lange, bis sich jemand meldete.

»Hallo, Oma, ich bins, Dani, wie geht es dir? Lange her …«

Im Chalet war man inzwischen beim Dessert angelangt. Frida hatte ihre Spezialität, Schokoladenkuchen mit Vanilleeis und heissen Kirschen, gemacht. Und natürlich hatten sie alle viel zu viel gegessen. Eine wohlige Müdigkeit und Zufriedenheit machte sich bei allen breit. Die kleine Nina schlief auf dem Sofa vor dem Kamin, das Herzchen des Goldkettchens in ihrem Mund wie einen Schnuller. Wham! sangen ihr »Last Christmas«. Es herrschte eine schöne, friedliche Stimmung. Maria schaute Luky an und nahm seine Hand in ihre beiden Hände.

»Jetzt haben wirs aber wirklich geschafft!«

»Ja, meine Liebe, das haben wir!«

Dann schaute Maria nacheinander alle ihre Freunde an.

»Wir alle. Wir alle haben es geschafft. Ihr seid wirklich die verrücktesten und besten Freunde.«

Jeder hing für ein paar Momente seinen ganz persönlichen Gedanken nach, dann sagte Maria plötzlich: »Jetzt habe ich noch einen Wunsch. Ich möchte am Kamin einen Kaffee trinken und einen feinen Zimtstern essen und, wenn es möglich wäre, vielleicht noch ›Stille Nacht‹ hören.«

Selbstverständlich machten das ihre Freunde möglich.

Inge kümmerte sich um den Kaffee, Frida machte einen Teller mit Weihnachtsgebäck und vielen Zimtsternen bereit.

Luky begleitete Maria zum Feuer, und Hans legte nochmals ein Scheit nach.

Steffi schaute nach Nina, die immer noch friedlich schlief, und setzte sich nachher neben ihre Omi. Die beiden tauschten Erinnerungen aus, und Maria genoss ihren Zimtstern. Dann nahm sie Steffis Hand.

»Jetzt bin ich richtig müde, würdest du mich auf mein Zimmer begleiten?«

Steffi erhob sich und half Maria, aufzustehen.

Frida, die sich an die Schulter von Hans gelehnt hatte, stand ebenfalls auf. Auch Hans, Luky und Inge erhoben sich. Es brauchte keine Worte. Maria wollte nur eine lange Umarmung mit jedem ihrer Freunde. Am Schluss stand Maria vor Frida, und sie beide wollten einander fast nicht mehr loslassen. Dann ging Maria, gestützt von Steffi, zur Treppe, die zu den Schlafzimmern führte, und drehte sich nochmals zu ihren Freunden um.

»Danke! Danke euch allen.«

Alle schauten mit einem Kloss im Hals, aber zufrieden zu, wie Maria nach oben in ihr Zimmer ging. Ein paar Minuten blieb es einfach ruhig. Nur das Knistern des Feuers im Kamin und der tiefe ruhige Atem der kleinen Nina waren zu hören.

Dann klatschte Frida entschlossen in ihre Hände und rief: »Jetzt brauch ich einen Glühwein. Sonst noch jemand?«

Alle nickten.

»Aber draussen«, ergänzte Hans.

»Auf jeden Fall«, sagte Luky und klopfte seinem Freund auf die Schulter.

Es hatte ganz aufgehört zu schneien, und der Himmel stand voller Sterne. Die Mitglieder der »Sonnenuntergäng« prosteten einander mit dem dampfenden Glühwein zu und nahmen alle einen Schluck.

»Ich muss euch noch etwas sagen«, begann Inge und schaute ihre Freunde lange an. »Wir haben doch noch etwas Geld übrig, richtig?«

Luky und Hans nickten beide.

»Ja, haben wir. Warum?«, meinte Luky.

»Und niemand von uns will ins Altersheim zurück«, fragte Inge weiter und verdrehte die Augen.

»Auch richtig«, sagte Frida.

»Ich habe von dem Herrn in der Bar in Bern ein Angebot bekommen, auf einem Kreuzfahrtschiff zu singen, und ich möchte, dass ihr mitkommt.«

Ungläubig sahen sich die Alten an.

Frida nahm Hans in den Arm.

»Aber nur, wenn wir die Honeymoon-Suite bekommen«, sagte sie grinsend.

»Ich wollte sowieso auf ein Schiff«, meinte Luky und hob seine Glühweintasse. »Also, stechen wir in See!«

»Schiff ahoi«, sagte Inge zufrieden lachend, und sofort begannen sie mit dem Pläneschmieden.

Dann zeigte Frida in den Himmel hinauf.

»Da!«

Eine Sternschnuppe flog genau über das Chalet. Alle konnten sie deutlich sehen. Einige Zeit später kam Steffi weinend aus dem Haus und schüttelte traurig den Kopf. Die alten Freunde und Steffi umarmten sich schweigend.

Kommissar Studer sah das Grüppchen vor dem Chalet stehen und stieg aus dem Polizeiauto. Als er die Autotür gut hörbar ins Schloss fallen liess, drehten sich alle zu ihm um und sahen ihn auf sich zukommen.

Inge wandte sich ihren Freunden zu und flüsterte verschwörerisch: »Was ich euch noch sagen wollte … ihr wisst ja, letzte Wünsche sind heilig … Ich will mal in der Karibik sterben.«

Unsere Bücher finden Sie überall dort,
wo es gute Bücher gibt, und unter
www.woerterseh.ch

Blanca Imboden
Drei Frauen im Schnee
Weihnachten, Geburtstage und andere Katastrophen

208 Seiten
Taschenbuch
12,5 × 19 cm

Print ISBN 978-3-03763-307-6
E-Book ISBN 978-3-03763-544-5
www.woerterseh.ch

Sonja, die Heldin in Blanca Imbodens Roman »Drei Frauen im Schnee«, ist verheiratet, Mutter von Teenager-Zwillingen und lebt mit ihrer Familie unter demselben Dach wie ihre Schwiegermutter. Das allein schon sorgt für allerlei Zündstoff. Eines Tages beschliesst Sonja: Dieses Jahr muss Weihnachten anders werden. Leider gelingt ihr das nicht wie gewünscht. Im Gegenteil. Das Fest der Liebe und des Friedens gerät völlig aus den Fugen, weil nicht nur anstrengende Menschen, sondern auch noch verstörte Tiere ein nicht sehr weihnächtliches Chaos veranstalten. Also packt Sonja kurzerhand ihren Mantel, verlässt das Haus und – bekommt ein Geschenk: zwei neue Freundinnen. Nachdem die Silvesternacht für Sonja dann noch verrückter endet als Weihnachten, treffen sich die drei Frauen im Schnee, in den Bergen, auf dem Stoos. Und jede verändert damit das Leben der anderen zum Positiven.